타격에 관한
나의 생각들

김태균 야구 이야기

타격에 관한 나의 생각들

김태균
야구
이야기

0.4초 승부에서   이 기 는   기 술

bs
베이스민스토어

CONTENTS

프롤로그

○ ○ ○ ○

Prologue

야구장 가는 길
Go to the ballpark

열 살에 야구를 시작해 마흔 살에 유니폼을 벗었다. 선수 은퇴 후에도 여러 지역을 오가며 야구해설위원으로 활동하고 있다. 야구장은 내 평생의 일터인 셈이다.

야구장이 내 놀이터였던 적은 없었다. 거기에선 대포알 같은 공이 날아든다. 타자는 방망이를 들고 투수와 맞선다. 수십 명의 건장한 선수들이 격렬하게 경쟁한다. 승패는 찰나의 순간 바뀐다. 그곳은 차라리 전쟁터에 가까웠다.

야구장 가는 길은 고되다. 어제의 실수가 떠오른다. 실패의 기억도 남아있다. 더 잘할 순 없었을까? 그러려면 뭘 해야 할까? 어떻게 바꿀 수 있을까? 이런 고민이 내 어깨를 짓눌렀다. 난 선수 생활을 하면서 한 순간도 야구를 즐겨본 적이 없다.

내 선수 생활이 불행했다는 말은 아니다. 내가 잘할 수 있는 일을 직

업으로 선택했다는 건 정말 큰 행운이자 영광이었다. 동료들과도 즐겁게 잘 지냈다. 무엇보다 팬들로부터 과분한 사랑을 받았다. 다만 유니폼을 입는 동안에는 매 순간 치열할 수밖에 없다는 뜻이다.

출근길 발걸음이 조금이라도 가벼우려면 자신감이 필요하다. 어제보다 오늘이 나을 거라는 희망이 있어야 한다. 팀 성적이 좋고, 내 기록이 좋을 땐 별로 피곤하지 않다. 스트레스도 덜 받는다. 일상의 선순환 구조가 만들어지는 것이다. 그래서 야구를 잘해야 한다.

더 잘하려면 더 노력해야 한다는 사실은 너무나 자명하다. 자, 여기서 질문이 시작된다. 난 끊임없이 나에게 물었다. 무엇을 잘해야 할까? 당연히 야구다. 난 주루와 수비가 약하니까 타격에 더 집중해야 한다. 어떻게 잘해야 할까? 장점을 강화하고, 약점을 극복해야겠지. 그러면 이제 물음표 하나만 남는다.

왜?
나는 왜 못 쳤지? 나는 왜 잘 쳤지?
이 선수는 왜 잘하지? 저 선수는 왜 못하지?

난 야구 방망이를 잡을 때마다 '왜'라는 의문을 스스로에게 던졌다. 그 질문에 답하는 일이 야구 선수로서 살아온 30년의 여정이었다. 그 고민과 연구의 기록을 이 책에 담았다.

얼마 전 『스타트 위드 와이Start With Why』라는 책을 읽었다. 독서가 취미인 건 아니지만, 'Why'라는 단어에 꽂혀서 선택한 거다. 내가 오래전부터 가져왔던 '왜?'에 대한 생각을 다른 사람은 어떻게 풀어낼까 궁금했다.

　리더십과 경영법을 다룬 이 책에서는 '왜'라는 질문으로 시작해서 위대한 성취를 이룬 인물들을 소개한다. 일을 Why로부터 출발하면 많은 걸 바꿀 수 있고, 다른 사람의 열의를 이끌어내는 것도 가능하다고 나는 이해했다.

　사람들은 보통 어떤 고민에 직면하면 '무엇을(What)'과 '어떻게(How)'에 집중한다. 그러나 Why로부터 시작하면 문제의 본질을 깨우치고, 그로 인해 일하는 목적과 대의를 환기할 수 있다고 『스타트 위드 와이』는 전한다. 이 서적을 읽으며 난 회사 경영이 야구단 운영과 그리 다르지 않다고 생각했다. 또 기업의 최고경영자와 야구 감독의 역할에 공통점이 많다고 느꼈다.

　야구가 던진 '왜'라는 질문을, 나만의 방식으로 '타격'하려 했다. 은퇴하기 전까지 난 하루에 몇 번씩 거울을 마주했다. 어려서부터 수십만, 수백만 번 반복한 스윙을 점검하고 또 점검한 것이다. 내 휴대폰에는 암호 같은 메모가 한가득 들어 있다. 왜 그렇게 쳤는지, 왜 그런 결과가 나왔는지에 대한 문답이 빼곡하다.

　타격에 대한 아이디어를 기록하는 건 선수 시절부터 가져온 오랜 습관이다. 해설을 하는 지금도 마찬가지다. 자문자답이 쌓이니 나만의 정답노트이자 오답노트가 만들어졌다. 내 이야기가 후배 선수들과 지도자들에게 크고 작은 도움을 주고, 팬들에게 새로운 즐거움을 줄 수 있다면 더 없는 영광일 것이다.

대기 타석

○ ○ ○ ○ ○

On-deck

1 네 자신을 알라, 네 자세를 알라

2023년 한국프로야구 KBO리그 최고의 타자는 홈런왕(31개)과 타점왕(101개)에 오른 노시환 선수일 것이다. 야구 선배이자 팬으로서 스타 탄생을 지켜보는 건 정말 즐겁다. 노시환 선수는 나와 한화 이글스에서 한솥밥을 먹은 후배여서 특히 더 그렇다. 가까이서 봐왔기에 난 그가 얼마나 재능 있는 타자인지 잘 안다. 한국 최고의 타자로 성장하길 응원하며 그의 성장을 흥미롭게 지켜보고 있다.

노시환 선수의 잠재력은 한 번에 폭발한 게 아니다. 그는 데뷔 3년 차였던 2021년 홈런 18개를 때려낸 적이 있다. 그해는 내가 20년 프로 선수 생활을 마치고 이글스 유니폼을 벗은 때였다. 노시환 선수는 이글스의 새로운 4번 타자이자, 리그의 새 얼굴로 떠올랐다.

그러나 이듬해인 2022년, 노시환 선수의 홈런은 6개에 그쳤다. 주위에서 "더 많은 홈런을 치라"는 말이 쏟아졌다고 한다. 선의로 한 격려일지 몰라도, 그 말은 스물두 살 젊은 선수에게는 적잖은 부담이었을 거다. 그가 받았을 스트레스가 얼마나 컸을지 충분히 짐작이 된다.

2022년 전반기만 해도 노시환 선수의 스윙은 날카로웠다. 그러나 여름부터 타격 폼이 흐트러졌다. 모든 투구를 잡아당겨 치려는 것 같았다. 나쁜 공에 속아서 배트가 쉽게 따라 나왔다.

노시환 선수는 나보다 뛰어난 재능을 가진 선수다. 그런 힘과 기술을 가진 타자는 KBO리그에 별로 없다. 그런데 그는 자신의 장점을 충분히 발휘하지 못했다. 더 많은 홈런을 치려는 마음 때문이었다.

나는 그게 욕심이라고 생각하지 않는다. 홈런은 야구의 꽃이다. 가장 확실한 득점 방법이다. 동료들과 팬들이 홈런을 기대하는 건 너무나 당연하다. 누구보다 타자 스스로가 홈런을 바란다. 그러나 홈런은 원한다고 나오는 게 아니다.

매 경기 네댓 번씩 타석에 들어서는 타자의 목표가 오직 홈런일 순 없다. 보통 타자들은 일주일에 홈런 1개만 때려도 충분하다. 주 6경기에서 홈런 2개를 친다면 홈런왕이 되기에 모자람이 없다.

야구는 더 많은 점수를 내는 팀이 이기는 단체 종목이다. 타자는 아웃되지 않아야 하고, 팀 득점에 기여해야 한다. 볼넷으로 출루해도 좋고, 승부가 팽팽할 때는 단타 하나도 소중하다.

내가 생각하는 홈런은 '아주 잘 맞은 안타'다. 배럴 타구 중 하나다. 좋은 타격을 계속하다 보면 자연스럽게 따라 나오는 것이다. 홈런을 욕심낼수록 어쩌면 홈런과 더 멀어질 수 있다. 2022시즌이 끝난 뒤 노시환 선수와 대화할 기회가 있었다. 해설위원이자 이글스 선배로서 내가 그에게

해줄 수 있는 말은 간략했다.

"네 장점을 버리지 마라."

노시환 선수는 아웃사이드 피치(outside pitch, 바깥쪽 공)을 결대로 때려 우익수 뒤로 날릴 수 있는 타자다. 그런데 더 많은 홈런을 치겠다고 인사이드 피치(inside pitch, 몸쪽 공)뿐 아니라 바깥쪽 공까지 잡아당기니(좌익수 쪽으로 보내려고 하니) 타구에 힘을 제대로 싣지 못한 것이다.

타자가 당겨 치면 타자의 코어(core, 복부·골반 등 몸의 중심) 회전력을 타구에 전달하기 용이하다. 그러나 타자로부터 멀리 떨어진 곳(바깥쪽)으로 날아오는 공까지 무리하게 잡아당긴다면, 몸의 회전력을 배트에 충분히 전달하지 못한다. 따라서 강한 타구를 만들기 어렵다. 이런 타격이 반복되면 스윙이 흔들린다. 가지고 있던 장점을 잃는 것이다.

이건 타자들이 흔히 경험하는 딜레마다. 단점을 보완하겠다고 애쓰다가 장점까지 잃는 시행착오를 나도 수없이 겪었다. 타격은 곧 밸런스(balance, 균형)다. 한쪽에 힘을 집중하면 다른 한쪽이 약해질 수밖에 없는 것이다.

메이저리그(MLB, 미국프로야구)의 전설적인 타자 테드 윌리엄스가 말한 것처럼 "타격은 모든 스포츠를 통틀어 가장 어려운 기술"일지 모른다. 타자의 목표 승률이 단 30%(3할 타율)라는 건, 타격이 얼마나 기술적으로 복잡하고, 심리적으로 예민한 메커니즘인지 말해준다.

네 자신을 알라, 네 자세를 알라

타격은 도전과 응전, 성공과 실패, 성취와 후회의 무한 반복이다. 어렵고 고독한 싸움에서 이기기 위해 타자는 자기 자신을 파악해야 한다. 무엇을 잘하는지, 잘하는 것을 더 잘할 방법은 뭔지 끊임없이 고민해야 한다. 타자는 자신을 알아야 투수와 싸울 수 있다. 쉬워 보여도 정말 어려운 과정이다.

더 구체적으로 말하자면, 타자는 자신의 자세를 아는 게 정말 중요하다. 좋은 타구를 때려냈다고 거기에 만족해선 안 된다. 내가 어떤 자세로 쳤는지, 왜 이런 결과가 나왔는지 기억하고 기록해야 한다. 타격 폼은 미세하게, 끊임없이 변하기 때문이다.

은퇴식에서 후배 노시환 선수와 뜨거운 포옹으로 인사를 나눴다.

네 자신을 알라, 네 자세를 알라

배럴(barrel) 타구

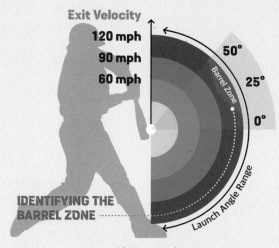

mph(miles per hour)
시속을 킬로미터 단위가 아니라 마일로 나타낸 것. 1마일은 약 1.61킬로미터에 해당한다.

타자가 아주 잘 때린 공. MLB에서는 타구의 출구 속도(배트에 맞은 공이 발사되는 스피드)가 시속 98마일(157.7㎞) 이상이며, 발사각 26~30도를 형성하면 배럴 타구로 본다. 출구 속도가 더 바르면 발사각이 더 커져도 배럴 타구가 된다. 예를 들어 출구 속도가 시속 99마일(159.3㎞)이라면 25~31도, 100마일(160.9㎞)이라면 24~33도로 범위가 넓어진다. 배럴 타구가 다 홈런이 되는 건 아니다. 그러나 배럴 타구의 기댓값은 타율 0.800, 장타율 2.000에 이른다.

테드 윌리엄스

Ted Williams, 1918년 8월 30일 ~ 2002년 7월 5일

1939년 MLB에 데뷔하자마자 보스턴 레드삭스의 간판타자로 활약하며 1960년 은퇴할 때까지 통산 2292경기에서 홈런 521개(역대 20위), 타율 0.344(5위)를 기록했다. 타격왕 6회, 홈런왕 4회, 타점왕 4회를 수상할 만큼 정확성과 파워가 모두 뛰어났다. 선구안이 탁월해서 MLB 통산 출루율 역대 1위(0.482)에 랭크되어 있다. 타자의 능력을 평가하는 주요 지표 중 하나인 OPS(On-base Plus Slugging, 출루율과 장타율의 합계)는 역대 2위(1.116)다. 선수 은퇴 후에는 타격 이론서의 고전으로 불리는 『타격의 과학The Science of Hitting』을 집필했다. MLB 역사상 마지막 4할 타자(1941년 타율 0.406)로도 유명하다.

2 답이 없다는 게 정답이다

이승엽 선배는 설명이 필요 없는 레전드다. 한국 야구 역사상 가장 뛰어난 홈런 타자다. 누구나 그처럼 홈런을 펑펑 치기를 열망하지만, 아무나 꿈을 이루지는 못한다. 40년 넘는 KBO리그 역사에서 오직 이승엽 선배만 그렇게 했다. 뒤를 이어 박병호 선수가 한 시즌 50홈런이 가능한 타자로 인정받았다.

홈런왕을 꿈꾸지 말라는 뜻이 아니다. 프로 선수라면 당연히 큰 목표가 있어야 한다. 노시환 선수가 '제2의 이승엽'이 되길 바라는 코칭스태프와 팬들의 마음도 충분히 이해한다.

2023년 3월 시범경기에서 노시환 선수는 가장 많은 홈런을 때려냈다. 정규시즌에 돌입해서도 성적이 괜찮았다. 그런데 5월 2일 서울 잠실구장에서 만난 노시환 선수는 고민이 많아 보였다. 한 달 동안 타율은 3할 넘지만, 홈런이 2개뿐이라는 게 이유였다. 그는 "타격 폼을 바꿔야 할 것 같다"고 말했다.

내가 보기에는 노시환 선수의 타격에 전혀 문제가 없었다. 당시 홈런 수가 적었을 뿐, 타구 속도는 충분히 빨랐다. 또한 강한 타구를 그라운드 좌우로 고루 잘 보내고 있었다. 나는 그에게 "너 지금 너무 좋다. 이대로 계속 쳤으면 좋겠다"고 말했다.

지난겨울 노시환 선수에게 "네 장점을 버리지 마라"고 한 말과 다르지 않은 조언이었다. 홈런은 나오지 않을 때는 마치 영원히 그럴 것처럼 안 나온다. 하지만 좋은 스윙을 유지하고 있다면, 노시환 같은 타자는 언제든 홈런을 몰아칠 수 있다.

이튿날 노시환 선수는 두산 베어스를 상대로 홈런 두 방을 터뜨렸다. 넓은 잠실구장이 좁게 느껴질 정도의 호쾌한 장타였다. 단 하루 사이에 노시환 선수에게 큰 변화가 있었을 리 없다. 그저 좋은 스윙을 유지한 덕분이었다.

타격에는 부침이 있다. 노시환 선수는 이후 홈런을 몰아치더니 5월 중순 43타석 연속 무안타 늪에 빠지기도 했다. 리그 최고의 타자로 발돋움했다고 느끼자마자 지독한 슬럼프에 빠진 것이다. 물론 노시환 선수는 이를 잘 극복하고 좋은 타격을 다시 이어갔다.

이건 타격이 완성되는 과정이라고 생각한다. 노시환 선수가 이 과정을 잊지 않았으면 좋겠다. 왜 잘 쳤는지, 왜 못 쳤는지 꼼꼼하게 분석해서 꼭 기록하고 기억해뒀으면 좋겠다. 노시환 선수가 한창 잘 쳤을 때 한 인터뷰가 인상적이었다. 홈런이 많이 나오는 이유에 대해 그는 "히팅 포인트(hitting point, 배트와 투구가 만나는 지점)가 앞에 형성됐기 때문"이

답이 없다는 게 정답이다

라고 답했다.

당연한 말이다. 골프에서 드라이버 샷을 칠 때 티를 꽂은 위치를 생각해 보라. 오른손잡이 골퍼의 앞발(왼발) 근처에 공이 있다. 타구에 힘을 잘 실을 수 있는 지점이기 때문이다. 타격도 마찬가지다. 양팔이 쭉 펴지는 지점, 그러니까 오른손 타자의 왼발 위가 장타자의 히팅 포인트다. 이 부근에서 공을 정확하게 맞히면 홈런을 칠 확률이 높다.

히팅 포인트가 앞에 형성됐다는 건 좋은 타격의 결과이지, 원인이 아니다. 노시환 선수가 잘한 이유는 스윙의 결(swing path)이 향상됐기 때문이다. 2023년 그의 스윙 궤적은 다양한 투구 코스와 각도에 대응할 수 있었다. 여러 타격 중 앞발 근처에서 정확히 때린 타구가 홈런이라는 결과로 나온 것이다.

노시환 선수가 앞으로 얼마나 더 많은 홈런을 칠지는 알 수 없다. 다만 그가 자신에게 맞는 답을 찾아가고 있다는 건 확실해 보인다.

이승엽 선배나 박병호 선수는 홈런 타자로서 답을 찾았다. 이대호 선수의 답은 전형적인 홈런 타자들과 조금 달랐던 것 같다. 각자의 답이 다를지라도, 타격의 기본은 공을 배트 중심에 정확하게 맞히는 것이다. 그러기 위해서는 나쁜 공을 골라내야 한다. 내가 좋아하는 공을 기다렸다가 때려야 좋은 결과를 만들어낼 확률이 높아진다.

뻔해 보이는 이 결론에 이르기까지 나는 꽤 많은 시간을 보냈다. 2001년 한화 이글스에 입단한 난 그해 88경기에서 20홈런을 때리며 신인왕에 올랐다. 잘 나갈 것 같았다가 이듬해 깊은 부진에 빠졌다. 2003년 31홈런을 기록한 뒤 2004년과 2005년에 똑같이 23홈런을 때렸다. 타율은 3할 대를 유지했다.

그때 난 나름대로 성장하고 있다고 생각했다. 프로 투수들을 상대하면서 경험을 쌓고 있었다. 어떨 땐 성공하고, 때로는 실패하면서 단단해지고 있다고 믿었다. 그러나 데이터만 보면 '20대 초반의 김태균'은 더 올라가지 못하고 마치 정체된 선수처럼 해석될 수 있었다. 지도자들이나 팬들은 그게 안타까워 보였던 것 같다. "이승엽처럼 홈런 50개를 쳐내는 타자가 돼라"는 말을 그 시절에 참 많이 들었다.

2006년 내 스윙이 커졌다. 홈런을 많이 치려면 공을 힘껏 잡아 당겨야 한다고 생각했다. 그러자 스윙할 때 어깨와 골반이 일찍 열렸다. 타격에서 가장 중요한 '벽(오른쪽 타자의 왼 어깨부터 골반까지)'이 무너진 것이다. 선구안도 흔들렸다. 스트라이크인 줄 알았던 투구가 볼이라고 판단되면 스윙을 멈춰야 하는데, 그게 되지 않았다. '벽'이 단단하지 못했기 때문이었다.

결국 2006년 난 홈런 13개, 타율 0.291을 기록했다. 스윙 밸런스가 깨져 장타력과 정확성이 동시에 줄어든 것이다. 2007년에도 비슷한 과정을 거쳤다. 노시환 선수의 2022년과 별로 다르지 않았다.

슬럼프에서 헤매던 두 시즌, 난 타격에 대한 고민을 정말 많이 했다. 그래서 내린 결론은 "타격에는 정답이 없다. 내게 맞는 답을 찾아내자"는 거였다. 돌아보면 이 시기가 내 야구 인생에서 가장 소중했던 것 같다. 나 자신에 대한 고민, 주위의 기대와 충고 속에서 좌충우돌했다. 고민하고 노력한 끝에 2008년 내 스타일의 타격을 만들었다. 그해 난 처음으로 홈런왕(31개)에 올랐고, 그때까지 규정타석을 채운 시즌 중 가장 높은 타율

답이 없다는 게 정답이다

(0.324)도 기록했다.

　나는 은퇴할 때까지 이승엽 선배처럼 많은 홈런을 때리지 못했다. 2010년의 이대호 선수처럼 타격 7관왕을 차지한 엄청난 시즌을 만들지도 못했다. 그러나 실망하지 않았다. 나보다 뛰어난 선수들을 보며 많이 배우느라 바빴다.

　그즈음 난 타격의 목표는 하나가 아니라는 걸 깨닫고 있었다. 그 목적지로 가는 길 또한 유일한 게 아니라는 걸 배웠다. 남과 비교하고, 남을 좇는 게 아니라 내 답을 찾는 데 집중했다.

　다시 말하지만, 타격에는 정답이 없다. 프로 커리어 20년 동안 한국과 일본 리그에서, 또 국제대회에서 방망이 하나 들고 수없이 싸워온 나도 '유일한 답'을 찾지 못했다. 다만 누구보다 좋은 타자가 되고 싶었고, 모자란 재능을 채우기 위해 노력했다. 이 책은 그 과정에서 만들어진 내 성공과 실패의 기록이다.

답이 없다는 게 정답이다

선동열이냐? 강호동이냐?

타석에 들어서기에 앞서 '라떼' 한 잔을 준비했다. 가볍게 한 잔씩 음미하시길 바란다. 어렵고 힘들 때마다 어떻게 야구를 시작했고, 어떻게 성장했는지를 돌아본 것이 내게는 큰 도움이 됐기 때문이다.

꼬마 김태균은 동네에서 유명한 개구쟁이였다. 해 뜨면 집을 나서서 해질녘까지 돌아오지 않았다. 친구들과 축구하는 걸 좋아했다. 고무공으로 '짬뽕'도 즐겨했다.

어느 날 공사판에서 놀다가 내 무릎에 대못이 박혔다. 너무나 아팠지만 친구들 앞에서 울 수는 없었다. 초등학교 입학도 하지 않은 녀석이 커다란 못에 찔린 채 집에 왔는데도 부모님은 별로 놀라지 않으셨다. 날 혼내지도 않으셨다.

어느 날 아버지가 어머니에게 이렇게 말하는 걸 들은 기억이 있다.

"저 녀석, 대체 언제 크는 거야?"

충남 천안 일봉초등학교 2학년이 되자, 아버지가 왜 그런 말씀을 하셨는지 알게 됐다. 내가 갑자기 천안 남산초등학교로 전학하게 된 것이다. 집이 이사한 것도 아닌데 왜? 영문도 모른 채 담임선생님이 시키는 대로 친구들과 작별 인사를 했다. 난 이제 누구랑 놀지?

부질없는 걱정이었다. 내가 갈 곳은 이미 정해져 있었다. 바로 남산초 야구부였다. 아버지는 날 야구 선수로 만들려고 오래전부터 준비하셨다고 한다. 아버지는 젊어서부터 서울 동대문야구장을 즐겨 찾은 야구 팬이셨다. 게다가 큰아버지 아들(내 사촌형)이 야구를 한다는 게 부러우셨던 모양이다.

일봉초를 떠나면서 교장선생님에게 마지막 인사를 드렸다. 땅꼬마가 야구를 할 거라고 하니 교장선생님이 신기했던 모양이다. 그 분이 했던 말씀이 아직도 기억난다.

"우와! 이 녀석 손 좀 봐봐. 너 커서 꼭 선동열처럼 돼야 한다."

난 겨우 여덟 살이었고, 야구를 잘 몰랐다. 그래도 선동열 선수가 누군지는 알았다. 당시 내 키는 또래들보다 조금 큰 정도였다. 손이 유난히 컸는지는 잘 모르겠다. 어쨌든 그날 교장선생님의 격려는 오래 마음에 남았다.

전학하자마자 남산초 야구부에 가입했다. 거기에 2학년은 나 하나밖에 없었다. 아무리 아버지가 등을 떠밀었다고 해도 여덟 살짜리가 혼자 뭘 하겠는가? 1년 동안 감독님 옆에서 3~6학년 형들이 야구하는 걸 구경하는 게 전부였다. 야구가 재미있었냐고? 글쎄, 모르겠다. 그런데 소질은 있었던 것 같다.

초등학교 3학년이 되자 나도 형들처럼 뛰기 시작했다. 나의 첫 포지션은 우익수였다. 타구가 가장 적게 날아오는 곳이어서 막내가 맡기에 괜찮았다. 물론 우리 팀 주전 우익수는 6학년 형이었다. 난 '백업 우익수'라고 혼자 생각하고 있었다.

전국대회 예선전을 불과 일주일을 남겨두고 주전 우익수 형이 훈련에 나오지 않았다. 몸살이 심하게 걸려서 대회까지 못 나올 거 같다고 했다. 이런 경우 다른 포지션을 맡는 4~5학년 형이 우익수로 뛰는 게 당연한 수순이다. 하지만 난 그걸 몰랐다. 내가 백업 우익수니까 드디어 정식 경기에 나설 거라고 생각했다. 설레기도 했고, 떨리기도 했다. 그래서 열심히 훈련했다.

그런데 대회를 앞두고 6학년 형이 돌아왔다. 하루 이틀 훈련하더니 결국 그 형은 전국대회 예선전을 뛰었다. 이번에는 내가 앓아누웠다. 경기에 나갈 기회를 잃은 게 억울해서였는지 몸살이 난 것이다. 열흘쯤 누워있으면서 나 자신에게 몇 번을 물었다. "난 언제 크냐?" 지금 생각해도 승부욕 하나는 남달랐다.

야구를 하면서 키가 쑥쑥 크기 시작했다. 초등학교 4학년 때는 주전 유격수가 됐다. 타순은 1번이었다. 그때도 통통한 편이었는데, 운동신경이 있어서 제법 민첩하게 공을 잡았다. 방망이는 5~6학년 형들 못잖게 잘 쳤다.

야구를 잘하기 시작할 즈음, 묘하게도 훈련하기가 너무 싫었다. 방과 후 운동장에서 노는 친구들이 그렇게 부러울 수 없었다. 축구가 하고 싶었고, 오징어게임이나 보물섬 놀이도 신나 보였다. 친구들이 입은 예쁜

옷과 흙 묻은 내 야구 유니폼이 극명하게 비교됐다.

난 너무 어릴 때부터 야구만 했다고 생각했다. 신나게 뛰어 놀 나이에 죽어라 훈련하고 있으니 억울했던 거다. 그래서 훈련을 빼먹고 도망갔다. 그 나이에 가봐야 어디겠는가? 집에 와 있으면 얼마 후 야구부 감독님이 와서 다시 날 데려갔다. 6학년 때까지 네댓 번은 그랬던 거 같다. 남들보다 이른 사춘기였다.

초등학교 6학년 때 내 키는 158㎝, 몸무게는 72㎏이었다. 유격수치고는 과체중이었다. 천안북중학교에 진학한 뒤로는 살이 꽤 빠졌다. 엄청나게 훈련했기 때문이다. 눈 뜨고 있는 동안에는 야구만 했다.

1995년 천안북중은 전국대회인 부산 대통령기에서 우승했다. 중학교 1학년이었던 난 주전 1루수로 뛰었다. 타순은 6번이었다. 결승전은 팽팽한 투수전이었다. 천안북중 투수 문용민 선배와 부산중 투수 백차승 선배의 대결이었다. 결국 우리가 2-1로 이겼다.

천안북중 득점 중 1점은 내가 올린 타점이었다. 당시 중학교 최고의 투수 백차승 선배로부터 2루타를 날린 것이다. 나중에 알고 보니, 난 초등학교 3학년 때 당시 5학년이었던 백차승 선배를 상대한 적이 있었다. 그땐 총알처럼 날아오는 공을 제대로 쳐보지도 못한 채 3구 삼진을 당했다. 3년 후 다시 만나 선배에게서 빼앗은 2루타는 그래서 더 짜릿했다.

이후 난 중학교 무대에서 꽤 유명해졌다. 경기에 나가면 안타를 서너 개씩 쳤다. 홈런도 거의 매 경기 때려냈다. 그때 알았다. 내 길은 여기다. 야구로 최고가 되어야겠다. 그래서 더 지독하게 노력했다.

아버지는 우리 집 옥상에 그물망으로 타격훈련장을 만들었다. 학교에서 훈련하느라 녹초가 된 나에게 "자기 전에 매일 500개씩 스윙하라"고 하셨다. 그리고 거의 매일 내 타격 훈련을 지켜보셨다. 아버지가 늦게 퇴근하시면 어머니가 대신 체크하셨다.

중학교 대회가 끝나면 열흘 정도는 단체 훈련을 쉬었다. 그러나 내겐 휴일이 없었다. 아버지가 동네 공터에 비닐하우스를 만들어 훈련시킨 것이다. 휴일이 끝나고 다시 모이면 선수들의 스윙은 무뎌져 있었지만, 내 스윙은 그대로였다. 동료들이 "열흘이나 쉬다 와도 똑같네? 넌 정말 야구 천재다"라며 부러워했다. 그런 말을 듣고도 나는 가만히 있었다. 남몰래 노력한 걸 굳이 떠들고 싶지 않았다. 다만 그때 쏟은 노력이 저축처럼 쌓여서 선수 생활 내내 큰 자산이 된 것은 틀림없었다.

중학교 때 친구들이 방황하기 시작했다. 단체 훈련이 힘든 데다, 다른 친구들과 놀고 싶었던 거다. 내 '이른 사춘기'와 달리 중학생이 도망치면 일이 커진다. 집이 아닌 밖으로 돌기 때문이다. 친구들이 "같이 도망치자"고 아무리 꼬드겨도 나는 따라나서지 않았다. 야구로 성공하자고 굳게 다짐했기 때문이다.

그런 나에게도 유혹의 순간이 있었다. 야구가 아닌 씨름이 내 인생을 바꿔놓을 뻔했다. 교내 씨름대회에서 우리 반이 우승한 적이 있는데, 단체전에서 내가 씨름부 선수를 이긴 덕분이었다. 그러자 씨름부장 선생님이 집으로 찾아와 아버지께 이렇게 말했다.

"태균이는 씨름을 해야 합니다. 나중에 강호동을 이길 수 있는 유일한 아이입니다."

씨름부장 선생님은 무려 6개월이나 아버지를 졸랐다. 그분의 말이 아주 허황되지는 않았을 거다. 내 할아버지는 충청도 씨름판을 호령하신 장사였다. 키가 195㎝나 됐다. 그 체격을 물려받았고, 운동까지 열심히 한 내가 씨름을 한다면 어떨까? 나도 호기심이 생겼다.

고민 끝에 아버지는 내가 씨름을 하는 걸 허락하셨다. 야구를 그만두는 건 아니고 씨름부에서 일단 운동해 보라고 말씀하셨다. 씨름 훈련은 내게 너무나 버거웠다. 아침 7시부터 쪼그려뛰기로 운동장을 열 바퀴 돌았다. 튜브 당기기를 하면 온몸에 알이 배겼다. 야구할 때와 다른 근육을 쓰니 몸이 버텨내지 못했다. 결국 일주일 만에 씨름부장님께 인사를 드리고 야구부로 복귀했다.

야구로 돌아와서 참 다행이었다.

타석

○ ○

Batter's box

1 Z세대에게 '라떼' 한 잔을 권한다

누구나 다 그렇겠지만, 솔직히 말하면 나는 잔소리 듣는 걸 싫어한다. 선수 시절 선배님이나 코치님, 감독님으로부터 "라떼는 말이야"로 시작하는 훈계를 듣는 것을 별로 좋아하지 않았다.

그런 내가 이 책을 쓴 이유는 '대화'하기 위해서다. 소통하려는 상대가 프로야구 선수일 수도 있고, 학생 선수일 수도 있겠다. 내 얘기가 어쩌면 사회인 야구 선수에게 도움이 될지 모른다. 야구를 즐기는 팬에게 재미를 선물한다면, 그건 정말 영광일 것이다.

선수 은퇴 후 TV 예능 프로그램에 출연하며 다시 방망이를 잡을 기회가 있었다. 경기를 앞두고 상대 팀 20대 선수들이 나를 비롯한 은퇴 선수들에게 다가와 "선배님들 팬입니다"라고 예의 바르게 인사했다. 촬영은 훈훈한 분위기로 시작했다. 그러나 경기가 시작되자 공기가 확 달라졌다. 몇 분 전까지 공손했던 선수들이 더그아웃으로 돌아가 이렇게 소리치는 것이 아닌가.

"야, 못 쳐. 못 쳐. 그냥 가운데로 던져."

타석에 서 있던 난 정말 깜짝 놀랐다. 아무리 동료들을 응원하기 위해서라지만, 다 들리도록 대선배에게 야유를 퍼붓다니. 게다가 이건 진짜 승부가 아니라 방송을 위한 친선경기인데.

후배들이 잘못했다거나 나쁘다는 말이 아니다. 눈치 보지 않고 승부에만, 자신에게만 집중하는 그들이 참 인상적이었다. Z세대(1990년대 중반에서 2000년대 초반에 걸쳐 태어난 이들)로 불리는 젊은이들은 '라떼'와 확실히 다르다.

선수 시절에도 비슷한 경험이 있었다. 예전에는 내가 타석에 서면 상대 투수가 긴장하는 게 느껴졌다. 그러나 요즘 20대 선수들은 전혀 그렇지 않았다. 날 두려워하지 않고 공격적으로 공을 던졌다. 물론 내가 Z세대 투수들을 상대한 시기는 전성기가 지난 30대 중반이었을 때다. '힘 빠진 4번 타자'였기에 젊은 투수들이 자신 있게 덤벼든 측면도 있을 거다. 그래도 요즘 젊은 선수들이 과거와 다른 건 틀림없다.

어디 요즘 세대만 그럴까? 내 또래들도 선배들로부터 "너희는 우리 때와 다르다"는 말을 들었다. 시대에 따라 세대도 변하기 마련이다. 야구도 함께 변한다.

그러나 변화를 인정하지 않고 하는 잔소리는 거북하다. 물론 선배들의 경험은 정말 소중한 자산이다. 내 야구도 여러 코치님과 감독님의 가르침 위에서 만들어졌다. 나아가 야구의 고전과도 같은 테드 윌리엄스의 『타격의 과학』이나 찰리 로의 『3할의 예술』 같은 이론서도 내 타격

35

의 뿌리가 됐다.

선배들의 지식과 지혜를 배운 뒤 그들을 뛰어넘는 게 후배들의 몫이다. 그걸 해낸 이들이 지금 그라운드의 주인공이다. 때로는 더디고, 어쩌면 틀린 것 같아도 야구는 발전하고 있다.

위와 같은 이유로 활동한 시대가 다른 선수들을 한데 묶어서 비교하는 것에 난 동의하지 않는다. 선수들의 신체 조건은 계속 좋아지고 있고, 야구 인프라도 개선되고 있다. 기술이 발전하고 있으며, 어마어마한 빅데이터가 쌓이고 있다.

심지어 같은 선수라도 20대의 타격과 30대의 타격이 상당히 다를 수 있다. 아니, 달라야 한다. 타자는 매년 나이를 먹는다. 프로에서 살아남는다면 끊임없이 새로운 투수와 상대한다. 그러니 시대와 따라 변하지 않으면 도태될 수밖에 없다.

물론 내 얘기에 동의하지 않는 이들도 있을 것이다. 최근 "투수들의 기량이 떨어졌다. 볼넷이 늘어난 것만 봐도 알 수 있다"는 말을 자주 듣게 된다.

단순히 볼넷 증가만 보면 그렇게 생각할 수 있다. 그러나 내용을 들여다보면 꼭 그렇진 않다. 예전 경기 영상을 보라. 최동원 선배, 선동열 선배 같은 위대한 투수는 스피드뿐 아니라 커맨드(command, 원하는 곳으로 던지는 능력)도 뛰어났다. 그러나 그런 톱티어를 제외한 1980~90년대 투수들의 제구는 지금 선수들보다 낫다고 볼 수 없다.

내가 프로에 데뷔한 2001년만 해도 투수들은 패스트볼과 슬라이더(또는 체인지업)만 던졌다. 투 피치(two-pitch, 두 가지 구종)로도 타자를 충분히 상대했다. 패스트볼 스피드도 시속 140㎞만 넘으면 거뜬했다.

그러나 요즘에는 투 피치만으로 타자를 당해낼 수 없다. 메이저리그에서 뛰었던 투수들이 KBO리그에 자주 등장하고 있다. 국내 선수 중에도 시속 150㎞ 안팎의 빠른 공을 던지는 투수가 흔해졌다. 패스트볼도 포심(four-seam)만 던지는 경우는 별로 없다. 투심(two-seam) 패스트볼이나 컷(cut) 패스트볼도 던질 줄 알아야 프로에서 살아남는다. 두세 가지 이상의 변화구를 갖춘 투수들이 대부분이다.

10여 년 전만 해도 투수들은 대부분의 공을 바깥쪽으로 던졌다. 몸쪽으로 던지면 타자의 몸에 맞거나 장타를 허용할 확률이 높아지기 때문이다. 사실 그때는 투수가 아웃사이드 피치만 잘해도 충분했다. 가끔 하나씩만 타자 몸쪽으로 공을 던지면 스윙 밸런스를 흔들 수 있었다.

투수들의 기량만 발전하는 건 아니다. 타자들의 파워와 기술도 꾸준히 향상됐다. 아무리 빠른 공을 던져도 타자가 그걸 두려워하지 않고 반응한다면 얻어맞는다. 그래서 이제는 투수들이 타자 몸쪽으로 공을 던지려는 것이다.

투수에게는 아웃사이드 피치보다 인사이드 피치가 더 어렵다. 몸쪽으로 제구하는 건 아주 특별한 능력이다. 그러나 요즘 투수들은 커맨드가 정확하지 않아도 몸쪽으로 빠른 공을 던진다. 그래야 타자와 싸움에서 밀리지 않기 때문이다.

투수들이 불펜에서 공을 던지는 걸 본 적이 있는가? 요즘 젊은 투수들은 선배들보다 더 빠른 공을 던진다. 불펜에서는 제구도 나쁘지 않다. 다만 실전 승부에서 여러 종류의 변화구를 던지고, 더 많은 공을 몸쪽으로 던지기 때문에 과거에 비해 4사구가 많은 것이다.

나는 2020년 한화 이글스 유니폼을 벗었다. 은퇴하기 몇 년 전부터 더는 만만한 투수가 없다는 걸 느꼈다. 내가 나이든 탓도 있지만, 투수들이 발전한 이유도 분명 있었다. '라떼' 얘기는 그래서 별로 효과적이지 않다. 지금 선수들은 20년 전, 10년 전과 다른 야구를 하기 때문이다. 후배들은 선배들보다 더 어렵고 복잡한 문제를 푸는 것이다.

선배로서 경험과 지혜를 전해주는 건 좋지만 거기까지여야 한다고 생각한다. 그다음은 후배들의 몫이다. 내가 옳다는 독선, 나처럼 하라는 오만은 후배들의 발전에 장애물이 될 뿐이다. 그들이 각자 해법을 찾도록 작은 도움이라도 된다면 그걸로 충분하다.

찰리 로
Charley Lau, 1933년 4월 12일 ~ 1984년 3월 18일

테드 윌리엄스의 『타격의 과학』과 여러 면에서 비교되는 타격 이
론서 『3할의 예술The Art of Hitting 0.300』을 썼다. 슈퍼스타였
던 윌리엄스와 달리, 그는 MLB 선수 경력 12년(1956~1967년) 동
안 통산 타율 0.255, 홈런 16개에 그친 평범한 선수였다. 그러나
1971년 캔자스시티 로열스에서 코치 생활을 시작한 후로 타격 지
도자로서 상당한 명성을 얻었고, 선수 때보다 많은 주목을 받았다.

2 똑같은 스윙은 하나도 없다

나는 결과론을 신뢰하지 않는다. 타격에서는 특히 더 그렇다. 어떤 코치는 선수를 붙들고 "이 영상을 좀 봐. 네가 홈런 칠 때 모습이야. 봐봐. 이렇게 치잖아? 바로 이거야. 이거"라며 호들갑을 떤다. 코치들이 보여주는 영상을 보면 기가 막히다. 어디 프로 선수뿐인가? 심지어 초등학생 선수가 홈런을 치는 모습도 마치 배리 본즈의 스윙처럼 보인다. 그렇다면 결과가 다른 타격을 보자. 헛스윙으로 이어진 타자의 영상은 죄다 이상하다.

투수의 손을 떠나 홈플레이트로 날아드는 투구의 속도와 구종, 궤적은 모두 다르다. 비슷한 투구는 있을지언정 똑같은 건 없다. 타격은 선제공격이 아니다. 투수가 던진 질문에 답하는 행위, 즉 대응이다. 그러니까 같은 폼으로 스윙할 수 없다.

메이저리그에서 2021년 아메리칸리그 최우수선수(MVP)에 오른 오타니 쇼헤이의 타격 영상을 열심히 찾아봤다. 그는 2021년부터 2023년까지 세 시즌 동안 124개의 홈런을 날렸다.

왼손 타자인 그는 어떤 스윙을 가졌는가? 테드 윌리엄스처럼 치는가? 혹은 찰리 로의 이론대로 타격하는가? 히팅 포인트가 오른발에 형성돼 있는가? 골반 부근인가? 아니면 왼발 가까운 곳인가?

완벽한 타격의 결과라는 홈런 치는 스윙만 봐도 폼이 다 다르다는 것을 알 수 있다. 오타니의 왼다리가 축이 돼 뒤에서 회전하기도 했고, 무게중심이 앞으로 이동해서 체중이 오른다리에 더 많이 실리기도 했다. 배트와 공이 만나는 지점은 하나도 같은 게 없다.

'좋은 타격'은 분명 존재한다. 개인의 신체 조건에 잘 맞고, 기술적으로 완성도 있는 스윙이 바로 그거다. 나는 이 책에서 훌륭한 타자들이 자신의 장점을 어떻게 극대화했는지 얘기할 것이다. 정답이 아니라 여러 해답이 있다는 걸 설명할 것이다. '좋은 타격'은 그걸 찾는 과정이지, 특정한 장면일 수는 없다.

내 경우에는 타격 영상을 보는 게 항상 도움이 된 것은 아니었다. 왜 못 치는지 이유를 모른다면 영상을 아무리 봐야 소용없었다. 스스로 문제를 파악하지 못한 채 본다면 그 영상은 '잘 친 타격 모음' 또는 '못 친 타격 모음'일 뿐이다. 반대로 내가 부진에 빠진 이유를 명확하게 알 때가 있다. 그런 경우 과거 영상을 보면 슬럼프에서 어떻게 벗어났는지 알 수 있다.

결국은 타이밍이다. 투수가 던진 공이 약 17인치(43㎝) 길이의 스트

투수의 손을 떠나 0.4초 만에 홈플레이트를 통과하는 강속구는 일정하게 오는 법이 없다. 낮은 공도, 높은 공도 있다.

라이크존을 통과하는 시간은 0.01초가 채 되지 않는다고 한다. 타이밍이 늦거나 빠른 건 정말 찰나의 차이다. 똑같은 스윙을 해도 0.01초 늦으면 홈런이 될 타구가 파울이나 헛스윙이 된다. 반대로 0.01초 빨라도 전혀 다른 결과가 나온다.

물론 타자가 '0.01초 더 빠르게 타이밍을 잡아야지'라고 의식하지는 않는다. 그렇게 생각한다고 해도 현실적으로 가능하지 않다. 다만 투수에 따라 대응하는 것이다.

이 차이는 아주 짧은 시간이다. 미묘한 타이밍이다. 그래서 글로 설명하기 참 어렵다. 다만 내가 하고 싶은 말은 투수에 따라 타격 타이밍을 잘 잡아야 한다는 거다. 이건 타자라면 매년, 매일, 매 타석에서 해야 할 일이다.

타격은 투수와의 상호작용이다. 그래서 타자는 자신의 스윙을 점검

똑같은 스윙은 하나도 없다

스윙 타이밍이 조금 늦거나 빠를 수도 있다. 때문에 타자는 하나의 자세로 다양한 투구에 대응할 수 없다.

하는 동시에 피칭 타이밍을 읽어야 한다. 영상에 있는 좋은 스윙을 따라 한다고 슬럼프에서 빠져나올 수 있는 건 아니다. 영상에는 왜 나쁜 스윙이 나왔는지에 대한 과정이 없기 때문이다.

어떤 선수는 "과거 영상을 봐야 현재의 나를 파악할 수 있다"고 말하기도 한다. 그런 의견 역시 물론 존중한다. 다만 방대한 데이터나 첨단화한 분석 장비도 과거의 '결과'를 설명할 뿐이다. 현재의 '해법'을 제시하는 데에는 한계가 있다. 과거 영상과 데이터를 통해 답을 찾는 건 결국 선수다. 직접 해봐야 한다.

어떤 코치의 말을 들어야 할까

앞서 말한 것처럼 난 '라떼' 얘기에 대한 거부감이 있다. 야구는 100년 넘도록 하루도 쉬지 않고 변해왔다. 선수의 능력과 특성은 천차만별이

똑같은 스윙은 하나도 없다

다. 그래서 '완벽한 단 하나의 야구 이론'은 존재하지 않는다. 뛰어난 선배들의 얘기도 정답이 아닌 이유다.

그렇다고 선배의 말에 귀를 완전히 닫지는 않았으면 좋겠다. 일단 들어봐라. 선배들이 수십 년 경험 끝에 체득한 노하우를 가장 쉽게 얻는 방법은 바로 경청이다. 충분히 들은 다음에 자기에게 필요한 정보를 선택하면 된다.

다들 어릴 때 자전거 타는 법을 배웠을 것이다. 성공하기 전까지는 얼마나 어려워 보이는가? 그러나 중심을 잡고, 페달을 밟는 법을 누군가로부터 배운다면, 대부분 거뜬히 성공할 것이다.

운동신경이 뛰어나고 머리도 똑똑한 사람이라면 자전거 타는 법을 혼자 깨달을 수 있다. 그래도 누가 도와주면 더 빨리, 더 정확하게 배울 수 있다. 도움이 될 만한 조언이라면 일단 받아들이기를 권한다. 나와 맞지 않는 방법이라면 그때 버려도 된다. 이 책에 후배들이 들을 만한 몇 마디라도 있다면 그걸로 충분히 감사한 일이다.

선배 중에는 '좋은 라떼'와 '나쁜 라떼'가 있다. 한때 난 야구를 잘했던 선배가 하는 말을 잘 믿지 않았다. 타고난 재능이 뛰어난 사람, 실패해보지 않은 것 같은 사람에게 타격은 너무나 쉬웠을 거라고 생각했기 때문이다.

반대로 선수 시절 뛰어난 성적을 거두지 못한 코치님의 말에 더 집중하는 경향이 있었다. 그분들은 자신의 부족한 점을 보완하고, 한계를 뛰어넘기 위해 스타 출신보다 몇 배는 노력했을 거라고 믿었다.

프로 선수 생활을 오래 해보니 그게 아니었다. '좋은 라떼'를 결정하

46

는 건 지도자가 선수 시절 야구를 잘했는지, 못했는지가 아니다. 어떤 생각과 자세를 가지고 있느냐다.

프로에서 오랫동안 좋은 성적을 낸 선수가 재능만으로 거기까지 갔다고 생각한다면 큰 오산이다. 야구를 잘하는 사람들은 절대 현재에 만족하지 않는다. 더 잘하려고 하고, 더 오래 기량을 유지하려고 안간힘을 쓴다. 그래서 그들을, 그들이 하는 말을 절대로 무시하면 안 된다. 어떤 후배가 이런 말을 한 적이 있다.

"저 선배는 3할 타율을 쉽게 치잖아요. 저는 3할 근처에 가기까지 너무 힘들었는데, 저 선배는 3할에서 시작한 거 같아요."

나는 이 말에 동의할 수 없다. 타율 3할을 쉽게 치는 타자를 단 한 명도 못 봤기 때문이다. 만약 한 시즌 정도 3할에 성공했다고 해도, 거기에 안주하면 순식간에 밀려나는 걸 자주 목격했다. 연구와 노력 없이 프로에서 자리를 지키는 건 불가능에 가깝다.

'좋은 라떼'를 만드는 다른 요인은 태도다. 스포츠에서 '반짝 스타'가 자주 떠오른다. 한두 시즌 뛰어난 성적을 보였다가 가라앉는 선수가 꽤 있다. 부상 때문에 성적이 떨어지는 선수도 있고, 거들먹거리다가 추락한 이도 적지 않다.

누구의 말을 더 귀담아들어야 하는지는 명확하다. 겸손한 선배의 말을 경청해야 한다. 만약 선수 시절 그의 성적이 좋지 않았다면 그걸 극복하려고 노력했던 과정을 배워야 한다. 그가 스타 선수였다고 해도 자신은 아직 부족하다고 여기면서 했던 고민을 공유해야 한다.

똑같은 내용을 전달해도 "나는 이렇게 했는데, 너는 왜 못해?"라고 말하는 지도자가 있을 거다. 어떤 코치는 "난 이렇게 해서 여기까지 왔는데, 너에게 맞는 방법은 뭘까? 같이 찾아보자"라고 말할 수도 있다.

야구 선수도 사람이기 때문에 '좋은 라떼'의 말을 더 듣고 싶어 한다. 내가 '좋은 라떼'인지 자신하지는 못하겠다. 선수 시절에도 그랬고, 해설위원을 할 때도 그랬고 타격을 설명하다 보면 나도 모르게 '나쁜 라떼'가 불쑥불쑥 튀어나올 때가 있었다.

그렇게 느껴질 때가 있더라도 이해해주길 바란다. 내가 건방지거나 무성의해서가 아니라, 표현이 서툴러서라고 너그럽게 받아주기를 희망한다. 아직 좋은 선배가 되지 못했을지언정 그렇게 되려고 노력 중이라는 걸 알아줬으면 좋겠다. 어렵기도 하고, 정답도 없는 타격 이야기를 책으로 쓰는 이유도 바로 그런 마음에 있다.

다시 말하지만, 내가 하려는 이야기는 '타격의 정답'이 아니다. 나에게 가장 알맞은 길을 찾으려고 노력한 기록이다. 이것이 과연 목적지까지 가는 최단거리인지(빨리 간다고 꼭 좋은 것도 아니지만), 가장 안전한 길(장애물을 피해 가는 법도 깨닫기는 해야 한다)인지는 알 수 없다. 그러나 후배들의 시행착오를 줄이는 데는 도움이 됐으면 좋겠다.

나는 이 책에서 여러 선수의 타격을 사례별로 연구하고 논할 것이다. 난 다른 사람의 단점을 지적하는 걸 좋아하지 않는다. 단점을 보완하는 것보다는 장점을 극대화하는 게 더 좋은 타격을 하는 길이라고 생각한다. 훌륭한 타자들이 어떻게 잘 치게 됐는지 그 여정을 따라갈 것이다. 각자의 답을 찾는 게 타격이기 때문이다.

배리 본즈

Barry Bonds, 1964년 7월 24일~

MLB 최초의 30홈런-30도루 달성자인 바비 본즈(332홈런-461 도루)의 아들. 1986년 데뷔한 뒤 1990년 30홈런-30도루를 기록하며 스타로 떠올랐다. 샌프란시스코 자이언츠 소속이었던 2001년 홈런 73개를 날려 MLB 역사상 한 시즌 최다 홈런 신기록을 세웠다. 2007년 은퇴할 때까지 통산 홈런 762개를 기록하며 행크 애런(755홈런)과 베이브 루스(714홈런)를 2, 3위로 밀어냈다. MLB 역사에서 가장 많은 홈런을 쳐냈으나, 2007년 금지약물 복용 스캔들로 인해 이미지가 추락했다.

오타니 쇼헤이

大谷翔平, 1994년 7월 5일~

2013년 일본 프로야구 닛폰햄 파이터즈에 입단, 투수와 타자를 겸업하며 화제를 모았다. 2018년 MLB 로스앤젤레스 에인절스로 이적한 뒤 그해 아메리칸리그 신인왕을 수상했고, 2021년에는 만장일치로 리그 최우수선수(MVP)에 올랐다. 2022년에는 베이브 루스 이후 104년 만의 10승-10홈런, MLB 역사상 최초의 15승-30홈런 및 규정 이닝-규정 타석 동시 달성 등의 대기록을 달성했다. 2023년에는 월드베이스볼클래식(WBC)에서 일본 대표팀 우승에 공헌하며 대회 MVP에 선정됐다. 또 그해 MLB 정규시즌에서 두 번째로 만장일치 MVP로 뽑힌 뒤 10년 총액 7억 달러에 로스앤젤레스 다저스로 이적했다. 전 세계 프로스포츠 사상 최대 규모의 계약이었다.

준비 자세

○ ○ ○ ○

Launch position

1 참을 인忍 3개면 3할을 친다

■■■■ '욕심을 버리라'는 말을 선수도, 팬도 많이 들어봤을 것이다. 다 아는 얘기를 꺼낸 건 그만큼 중요하고 어렵기 때문이다. 욕심을 어떻게 버릴지, 그 방법은 무엇인지가 중요하다.

타격은 본능과의 싸움이다. 그리고 타자의 가장 큰 본능은 욕심이다. 안타를 치려는 마음, 홈런을 때리겠다는 결의, 팀을 이기게 하겠다는 승리욕이다.

이게 왜 나쁜가? 호승심은 승부에서 가장 중요한 마음이다. 그러나 마음만 앞서면 아무것도 할 수 없다. 오히려 몸에 불필요한 힘이 들어가고, 심리적인 압박감에 마음을 다칠 수 있다. 실패에 대한 두려움은 이기려는 욕망과 비례해서 커진다.

타자가 욕심에 사로잡히지 않으려면 타석에 들어서기 전에 준비를 끝내야 한다. 그게 훈련이고 전략이다. 타격보다 중요한 건 어쩌면 타격

이전까지의 과정이다. 자, 준비가 끝났는가? 타석에 들어섰다고 무작정 덤비지 마라. 치기 좋은 공을 노려라.

배리 본즈도 참는 것부터 시작했다

타자는 치고 싶은 욕심을 잘 다스려야 한다. 나는 초구에 좀처럼 스윙하지 않았다. 일단 공을 지켜보려고 노력했다. 나를 상대하는 투수도 그걸 알았다. 그래서 투수들은 유리한 볼카운트를 만들기 위해 스트라이크존 가운데로 초구를 던지려 했다. 난 그걸 노리고 타격한 적도 있다. 그러나 그건 가끔 쓰는 역습 전략이었다. 초구는 대체로 흘려보냈다.

타석에서 가장 중요한 건 투수의 상태를 파악하는 것이다. 지금 나와 마주한 투수는 과거의 그가 아니다. 공 스피드가 달라졌을 수 있고, 새로운 구종을 던질 수도 있다. 심지어 20~30분 전 앞 타석에 상대했던 같은 투수라도 피칭 밸런스가 변했을 가능성이 있다.

그래서 난 투수를 파악하는 데 초구를 활용했다. 투수의 공을 가까이서 보고 느끼며 속으로 스윙 타이밍을 맞춰봤다. 자, 충분한가? 어쩌면 아닐 수도 있다.

초구에 볼이 날아왔다면 볼카운트는 1볼-0스트라이크이다. 타자에게 유리한 상황이다. 이런 경우 나는 두 번째 공도 어지간하면 치지 않았다. 공을 하나 더 본다면 더 많은 투구 정보를 얻을 수 있기 때문이다.

물론 투수가 용감하게, 또 정교하게 연속해서 스트라이크 2개를 먼저 던지기도 한다. 0볼-2스트라이크는 타자에게 절대적으로 불리하다. 그래서 투수의 성향에 따라 1구 또는 2구부터 스윙할 필요가 있다. 서너 타석 중 타자가 한 번만 이렇게 적극적으로 덤벼도 투수의 머릿속은 복잡해진다.

내가 전성기 시절 타석에 서면 1~3구 안에는 좋은 공이 거의 들어오지 않았다. 스트라이크존을 한참 벗어나는 패스트볼 또는 멀리 달아나는 변화구가 대부분이었다. 타석마다 공 2~3개를 기본적으로 보고 시작하면 그다음 타격이 한결 수월해졌다. 유리한 볼카운트가 됐다고 해도 난 무작정 덤비지 않았다. 타자는 한 타석에서 좋은 공 딱 하나만 노려서 좋은 결과를 내면 되기 때문이다. 한두 번 좋은 공을 놓쳐서 2스트라이크가 됐다고 해도 여전히 기회는 올 수 있다.

아니면 볼넷을 얻는 것도 좋은 승부다. 투수에게 공 4개 이상을 던지게 해서 출루한다면 팀에 크게 기여하는 것이다. '4번 타자니까 적극적으로 쳐야 한다'고 주장하는 사람도 있다. 그런 공격법이 맞는 상황도 있지만, 아닐 때도 꽤 많다.

타자는 좋은 공을 절대로 놓쳐서는 안 된다. 적극적으로 쳐야 한다. 그러나 투수가 던지는 볼에 무작정 덤비는 건 좋은 전략이 아니다. 타자 개인보다 팀에 더 큰 손해일 수 있다. 때로는 유인구를 참아내고, 볼넷으로 1루를 밟는 것도 필요한 전략이라고 나는 생각한다.

난 초구를 쳐서 공 한 개에 아웃되는 게 정말 싫었다. 타자로서 내 임무를 충실하게 수행하지 못했다는 생각이 들었기 때문이다. 초구를 때려 안타가 됐다 해도 뭔가 개운치 않았다. 특히 내가 속한 팀 타선이 약할 때는 그런 공격이 효과적이라고 보기 어려웠다. 투수에게 공 한두 개만을 던지게 하고 내가 출루해봐야 득점으로 연결될 확률은 높지 않았다.

다시 강조하지만, 투수에게 공을 많이 던지게 하는 건 괜찮은 전략이다. 메이저리그(MLB) 선수들의 볼넷/타석 비율 데이터를 본 적이 있다. 야구 역사상 가장 위대한 타자인 테드 윌리엄스(20.6%)와 최다 홈런 기록 보유자 배리 본즈(20.3%)가 근소한 차이로 1, 2위를 달렸다. 베이브 루스는 19.4%로 3위였다. 홈런 타자라는 이미지가 강한 마크 맥과이어의 볼넷 비율도 17.2%에 이르렀다.

메이저리그 역대 볼넷 비율 순위

순위	선수	타석 당 볼넷 비율 (볼넷/타석)	홈런
1	테드 윌리엄스	20.6% (2,019/9,789)	521
2	배리 본즈	20.3% (2,558/12,606)	762
3	베이브 루스	19.4% (2,062/10,617)	714
4	에디 요스트	17.6% (1,614/9,175)	139
5	미키 맨틀	17.5% (1,733/9,909)	536
6	마크 맥과이어	17.2% (1,317/7,660)	583

* 통산 6000타석 이상 기준

120년이 넘는 미국 프로야구 역사상 타격을 가장 잘하는 이들의 볼넷 비율이 이렇게 높다. 이 기록이 타자들에게 주는 메시지를 곱씹을 필요가 있다.

힘을 70% 써야 90%가 나온다

'치고 싶은 욕심' 다음으로 버려야 할 것은 '세게 치고 싶은 욕심'일 것이다.

실전 경기에서 100%의 힘으로 스윙하면 안 된다고 나는 생각한다. 타자에게는 세게 치고 싶은 욕심이 있다. 100%의 힘을 쓰겠다고 의식한다면 실제로는 120%의 힘을 사용하기 마련이다. 오버 스윙(overswing, 몸의 균형을 흔들릴 만큼 큰 스윙)을 하는 것이다. 몸에 불필요한 힘이 들어가면 스윙 리듬이 깨진다. 이런 경우 방망이가 빠르게 돌아갈 리 없다. 게다가 백스윙(back swing, 타격하기 전 배트를 뒤로 당겨 힘을 모으는 동작)이 커져 타이밍도 늦어진다.

나는 타석에서 내 힘의 60~70%만 활용하려고 했다. 그렇게 의식해야 실제로는 80~90%의 힘을 쓰는 거 같았다. 그러려면 근육에서 힘을 빼고 하체의 균형을 먼저 잡아야 한다. 그리고 스윙 궤적과 타이밍에 집중하는 편이 효과적이다.

살살 치라는 뜻이 아니다. 힘을 효과적으로 이용하라는 거다. 이건 타자뿐 아니라 투수도 마찬가지다. 골프나 다른 스포츠의 원리도 다르지 않다. 복싱이나 종합격투기를 봐도 알 수 있다. 주먹을 꽉 쥐고 크게 휘두른다고 강펀치가 되는 게 아니다. 가볍게 빵 때리는 거 같은 펀치가 빠르고 정확하다.

초등학교 시절부터 야구만 했던 내가 물리 수업을 열심히 들었을 리 없다. 그래도 타격에 대해 고민하면서 알게 된 아주 기본적인 물리법칙이 있다. 힘은 물체의 질량과 가속도의 곱($F=ma$)이다. 배트의 무게(m)와 가속도(a)가 스윙의 힘을 결정하는 것이다.

여기서 중요한 건 힘을 극대화하기 위해서는 '속도'가 아니라 '가속도'가 필요하다는 것이다. 그러기 위해서는 몸에 힘을 좀 빼고 스윙하다가 공과 만나는 구간에 방망이 속도를 최대한 높여야 한다.

이게 말처럼 쉽지는 않다. 힘센 타자는 차고 넘치지만, 그 힘을 효과적으로 이용해 타구에 싣는 타자는 정말 드물다. 예전부터 "신인 타자가 프로에 와서 힘 빼는 데 10년이 걸린다"는 말이 있다. 나는 그 말이 진짜 맞다고 생각한다.

내가 프로야구에서 좋은 성적을 거둔 건 힘이 좋아서만은 아니었다. 나보다 체격이 좋은 선수, 나보다 파워가 뛰어난 선수는 얼마든지 있다. 다만 난, 힘을 빼야 한다는 걸 일찍 깨달은 편이었다. 초등학교나 중학교 시절 야구를 제법 잘했다. 늘 주전으로 뛰었다. 프로야구 선수가 되어 오랜 기간 활약하다 은퇴를 앞둔 시점에 "홈런 못 친다"는 말을 들었지만, 아마추어 시절에는 거의 매 경기 홈런을 날렸다.

이때 고민했다. 더 세게 칠 것이냐, 더 정확히 칠 것이냐.

나는 세게 칠 필요가 없다고 결론 내렸다. 세게 치려다 보면 스윙 밸런스가 무너져 헛스윙하곤 했다. 그러면 자존심이 상했다. 투수에게 그런 모습을 보이는 게 싫었다. 온힘을 다 쏟지 않아도 좋은 스윙으로 타이밍을 잘 맞추면 홈런을 칠 수 있다.

그래서 내 목표는 '헛스윙을 하지 않는 것'이 됐다. 내가 잘 때릴 수 있는 공을 기다렸다가 좋은 스윙을 하는 것, 그게 내가 생각하는 최선의 타격이었다. 나쁜 공을 잘 골라내면 한 타석에 투구 한두 개는 스트라이크존 가운데로 온다. 가운데로 오는 공을 놓치지 않고 또박또박 받아쳐 좋은 타구를 만들면서 감독님과 동료들로부터 인정받기 시작했다. 이런

참을 인忍 3개면 3할을 친다

과정을 거쳐 내 타격 스타일이 만들어졌다.

좋은 공을 기다려야 잘 칠 수 있다

다음으로 버려야 할 욕심은 '모든 공을 다 치겠다'는 마음이다. 보더라인(borderline, 스트라이크와 볼의 경계선) 근처로 날아오는 공은 때려봐야 좋은 타구를 만들기 힘들다. 스트라이크라고 해도 몸쪽으로 꽉 박히는 공, 바깥쪽에 살짝 걸치는 공, 그리고 너무 높은 공과 낮은 공은 콘택트하기 까다롭다. 그러니 이걸 쳐봐야 타구에 힘을 싣기도 어렵다. 스트라이크라고 다 같은 스트라이크가 아니다. 존 가운데를 향하는, 누가 봐도 스트라이크인 공을 쳐야 강한 타구가 될 확률이 높아진다.

프로에 와서 슬럼프에 빠진 적이 몇 차례 있었다. 그걸 극복하려고 스윙을 점검하고, 내 타격 영상도 분석했다. 그래도 부진 원인을 찾지 못할 때가 있었다. 언젠가 김인식 감독님이 명쾌한 답을 주셨다.

"너 요새 어떻게 치는 줄 알아? 볼을 쳐. 볼 말고 스트라이크를 치란 말이야."

초등학생한테나 할 법한 단순한 말이지만, 김인식 감독님의 지적은 매우 정확하고 현실적이었다. 스윙이 문제가 아니라 볼(또는 볼에 가까운 스트라이크)을 치겠다고 덤비는 게 부진의 이유일 때가 적지 않았다.

컨디션이 나쁠 때 영상을 되돌려 보면, 내 방망이는 공을 쫓아다니고 있었다. 마음이 급해져서 나쁜 공에 스윙하는 일이 많았다. 성적이 좋을 리 없다. 이게 반복되면서 심리적인 부담을 느낀 나머지 한가운데로 오는 투구를 놓치는 경우도 허다했다. 볼카운트가 불리해지면 나쁜 공에 배트가 나가는 악순환이 생겼다.

잘 칠 수 있는 공이 올 때까지 마음을 다스리는 게 정말 중요하다는 걸 깨달았다.

참을 인忍 3개면 3할을 친다

2 투수와 타자가 벌이는 '공간 싸움'

━━━ 야구는 투수와 타자의 영역 싸움이다. 스트라이크존은 일종의 전장(戰場)이다. 물론 전투는 스트라이크존 안에서만 일어나지 않는다. 투수는 볼도 던지고, 타자는 거기에 대처해야 한다. 특히 타자 몸쪽 코스는 충돌하는 두 나라의 국경지대와 같은 긴장감이 흐른다.

1962년 메이저리그에서 사이영상을 받은 돈 드라이스데일(1936~1993)은 "홈플레이트 가까이 바짝 붙는 타자가 있다면 내 할머니라도 공으로 맞혀버릴 것"이라고 말했다. 매우 극단적인 이 표현은 타자의 몸쪽 (스트라이크뿐 아니라 볼이라고 해도) 공간은 '투수의 영역'이라는 선언 같다.

타자는 타석 어디에라도 설 수 있다. 아무리 홈플레이트 가까이 간다고 해도 타자의 몸(팔꿈치부터 손목)이 스트라이크존을 침범하긴 어렵다. 그래도 드라이스데일은 타자가 스트라이크존 근처에 오는 걸 용납하지 않았다. 실제로 그는 수많은 사구(死球)를 던졌다.

최정은 바깥쪽 공을 가운데로 만든다

타자 입장에서 몸 맞는 볼은 반드시 극복해야 할 대상이다. 야구 서적의 고전과도 같은 레너드 코페트의 『야구란 무엇인가』 첫 페이지는 '타격의 가장 기본적인 요체는 두려움에서 출발한다'라는 문장으로 시작한다. 공에 맞는 공포를 이겨내는 게 타격의 첫걸음이다.

시속 150㎞ 이상으로 날아오는 공에 맞는다는 건, 직접 경험하지 않으면 알기 어려운 고통이다. 내가 한국프로야구 정규시즌 2015경기에 출전해서 맞은 사구는 108개였다. 실제로는 맞지 않아도, 공에 맞을 것 같은 장면은 거의 매 경기 나왔다. 은퇴를 결심하고 배트를 내려놓는 순간까지 공포와 싸웠다.

투수는 두려움을 느끼는 타자를 공격한다. 드라이스데일 같은 호전적인 투수라 아니라도 어지간한 투수는 타자의 공포심을 이용한다.

선수 시절 내가 사구에 대한 두려움을 가장 크게 느꼈던 것은 3연전 시리즈의 첫 경기, 특히 첫 타석이었다. 실제로 첫 경기를 치를 때 위협구에 가까운 공이 많이 날아왔다. 2012년 이후 팀 타선에서 내 비중이 클 시기에 더 그랬다.

투구에 맞으면 신체적 고통이 심할 뿐 아니라 심리적으로도 위축된다. 다음 타석에 인사이드 피치가 두려워진다. 나도 모르게 몸을 뒤로 뺀다. 스윙 밸런스가 깨진다. 이렇게 되면 첫 타석부터 위협구를 던진 상대의 작전이 성공하게 된다.

투수와 타자가 벌이는 '공간 싸움'

타자는 맞아도 전진하는 수밖에 없다. 말처럼 쉽지 않지만, 그거 말고는 다른 방법이 없다.

그런 측면에서 난 최정 선수를 높게 평가한다. 2005년 KBO리그에 데뷔한 최정 선수는 2023년까지 18번의 정규시즌 동안 무려 328개의 사구를 맞았다. 아직 은퇴가 멀어 보이는 전성기를 달리고 있는 현역 선수인데도 사구 통산 1위다. 최정 선수가 이렇게 많은 공을 맞은 이유는 홈플레이트 쪽으로 전진해서 타격하기 때문이다.

타자마다 타석에 서는 위치가 다르다. 홈플레이트 쪽으로 유난히 붙는 타자가 있는데, 최정 선수가 그렇다. 보통 그는 우타자 배터스박스 끝에서 10~15㎝ 정도 떨어져 선다. 그의 타격 준비 자세를 보면 방망이를 쥔 양손이 홈플레이트 끝까지 전진한 것을 볼 수 있다.

투수 입장에서는 타자가 '국경'을 침범했다고 생각할 수 있다. 승부의 주도권, 즉 공을 쥐고 있는 쥔 투수가 굳이 물러날 이유는 없다. 드라이스데일 같은 투수라면 일부러 타자를 맞힐 것이다.

최정 선수라고 왜 두렵지 않을까? 공을 맞으면 왜 아프지 않겠는가? 그래도 그는 위험을 무릅쓰고 전진한다. 자신이 가장 힘을 잘 쓸 수 있는 콘택트 존(contact zone, 공과 배트가 만나는 구역)을 만들기 위해서다. 바깥쪽 공을 가운데 공처럼 치기 위해서다.

홈플레이트 너비는 17인치(43㎝)다. 투구가 보더라인에 살짝 걸치기만 해도 심판이 스트라이크로 선언하기 때문에 스트라이크존의 실질적인 폭은 55㎝ 정도 된다. 이를 3등분하면 약 18㎝다. 정확히 측정할 수 없지만, 최정 선수가 다른 타자에 비해 홈플레이트 쪽으로 전진한 거리가

투수와 타자가 벌이는 '공간 싸움'

그 정도 될 것이다.

단순하게 설명하자면, 최정 선수는 홈플레이트 방향으로 18㎝ 전진한다. 이렇게 되면 그의 타격 범위가 바깥쪽으로 18㎝ 이동한다. 보통 타자의 스탠스로는 한가운데 공이 최정 선수에게는 몸쪽이 된다.

다른 타자들에게 바깥쪽 스트라이크가 그에게는 한가운데 공이 된다. 같은 원리로 다른 타자들이 멀어서 칠 수 없는 공을 최정 선수는 팔을 쭉 펴서 때릴 수 있다. 타석에 가까이 붙으면서 자신의 타격 존을 바깥쪽으로 이동하는 효과를 만드는 것이다.

458홈런을 만든 328개의 사구

이로 인해 최정 선수는 바깥쪽 공을 가운데 공처럼 타격할 수 있다. 그가 아웃사이드 피치를 공략해 홈런을 때리는 장면은 꽤 많다. 이 공은 투수 입장에서 바깥쪽일 뿐이지, 최정 선수에게는 가운데로 날아온 거다.

반대급부도 있다. 보통 타자에게 몸쪽 스트라이크는 최정 선수에게 몸쪽 볼이 된다. 그리고 이 투구에 맞을 확률이 높아진다. 최정 선수는 이러한 큰 리스크를 안고 타격하는 것이다. 그가 통산 458개의 홈런을 때린 데에는 여러 이유가 있겠지만, 이런 전략과 용기도 큰 몫을 차지했다고 본다.

홈플레이트 쪽으로 가까이 붙는 자세가 꼭 정답이라고 할 순 없다. 투구에 맞고 통증을 참아낸다고 해도 타자의 몸이 멀쩡할 리 없기 때문이다. 실험에 따르면, 시속 140㎞ 이상의 야구공을 맞으면 타자는 순간적으로 약 80톤의 압력을 느낀다고 한다. 최정 선수도 사구를 맞은 뒤 크고 작

최정이 2022년 11월 1일 인천 SSG랜더스필드에서 열린 한국시리즈 1차전에서 3회 말 키움 히어로즈 선발 투수 안우진으로부터 홈런을 터뜨리는 장면. 홈플레이트 보더라인을 향하는 공을 방망이의 스위트 스폿에 정확히 맞혔다. 다른 타자보다 홈플레이트를 향해 '전진'한 덕분에 콘택트존이 바깥쪽에 형성된 것이다. 타석에 가까이 붙은 만큼 몸 맞는 공에 노출될 위험도 크다. 최정은 2023년까지 328개의 사구를 맞아 KBO리그 역대 1위를 기록하고 있다.

은 부상을 많이 입었다. 몸이 아프면 당연히 스윙 어딘가에 문제가 생긴다. 그러면 슬럼프에 빠진다.

그런데도 최정 선수가 홈플레이트로 전진하는 이유는 그로 인한 손실보다 이익이 더 많기 때문일 거다. 그는 몸쪽 공을 당겨 치는 데 탁월한 타자다. 바깥쪽 공은 가운데 공처럼 만들어서 때려낸다. 이렇게 되면 투수는 던질 곳이 별로 없어진다.

사구와 홈런 사이에서 최정 선수의 스탠스는 단단하게 고정되어 있다. 그는 영리하고 용감하게 자신의 영역을 확보하는 '공간 싸움'을 하는 것이다.

3 워런 버핏과 '원샷 원킬' 스윙

타격이 절정에 올랐을 때, 역설적이게도 난 스윙을 별로 하지 않았다. 한 타석에서 거의 스윙 한 번으로 끝냈다. 그러면 결과가 나왔다. 안타든 아웃이든.

타석에서 한 번도 스윙하지 않은 적도 꽤 있었다. 볼넷을 얻을 때도 있었지만, 선 채로 삼진을 당하는 때도 적지 않았다. 일본에서는 이를 미노가시(見逃し) 삼진이라고 부른다.

일본인들은 "인생이라는 타석에 섰다면 미노가시 삼진은 당하지 말라"는 야구 명언을 사랑한다. 그래서인지 스윙하지 않고 아웃되는 걸 잘못이라고 생각하는 경향이 있다. 일본 야구의 영향을 많이 받아서인지 한국에도 비슷한 인식을 가진 이들이 많다. 나도 어렸을 때 "타석에서 가만히 서 있다 들어오지 마라. 그럴 거면 왜 방망이를 들고 있느냐"는 꾸중을 많이 들었다. 감독도 타격 코치도 선수들이 서서 삼진 당하는 모습이 참

보기 싫은 모양이다.

잘 생각해야 한다. 인생은 한 번뿐이지만, 타석은 하루에도 네 번은 돌아온다. 거기서 안타 하나만 치고, 볼넷 하나만 골라도 타자로서는 성공이다.

단 한 번의 기회를 노려라

테드 윌리엄스는 『타격의 과학』에서 이를 실증적으로 설명했다. 지름 7.3㎝의 야구공이 하나의 셀(cell)이라면 스트라이크존은 (타자의 키에 따라 다르지만) 77개로 나눌 수 있다. 타자의 '베스트 셀' 안에 들어온 공만 치면 타율 4할이 가능하다는 게 그의 주장이다. 또 스트라이크라고 해도 보더라인 근처의 나쁜 셀로 날아오는 공을 치면 타율은 2할 3푼대로 떨어진다고 윌리엄스는 역설했다. 같은 타자라고 해도 어떤 공을 치느냐에 따라 결과가 다르다는 거다.

'오마하의 현인'이라 불리는 미국의 전설적인 투자자 워런 버핏은 윌리엄스의 타격 이론으로부터 힌트를 얻어 투자 원칙을 세웠다고 한다. 모든 공을 다 때릴 필요가 없듯이 돈이 있다고 당장 주식을 살 필요가 없다는 주장이다. 좋은 공(기회)을 기다리는 것도 훌륭한 전략이라는 걸 윌리엄스와 버핏이 함께 웅변하고 있다.

나도 그저 내 스트라이크존에 충실했다. 내 존을 확실하게 설정했다. 그걸 벗어나는 공은 쳐봐야 좋은 타구가 나오기 어렵다는 걸 알기 때문에 지켜본 거다.

방망이가 나쁜 공을 따라 나가면 타자의 밸런스가 깨진다. 선수의 몸

워런 버핏과 '원샷 원킬' 스윙

은 가장 마지막에 했던 동작을 기억한다. 그건 다음 타석에 악영향을 끼친다. 내가 나쁜 공이라고 판단한 공이 스트라이크 판정을 받는다고 해도 그저 받아들였다. 그리고 다음 공을 기다렸다. 타석 당 한 번의 스윙만 하려고 했다. 난 그런 전략에 '원샷 원킬'이라는 이름을 붙였다.

　　말은 쉬울지 모르지만, '원샷 원킬'은 실행하기 어렵다. 내가 노리는 공이 아니라면 참고 기다려야 한다. 이를 위해서는 기술도 기술이지만, 인내심이 필요하다.

　　타자에게는 눈에 보이는 공을 때리려는 본능이 있다. 초구를 그냥 보내면, 다음에 이보다 더 좋은 공이 온다는 보장도 없다. 그러니 당장 보이는 공에 덤벼들고 싶다. 타자는 이 심리 싸움에서 이겨야 한다. 다음 기회도 있을 수 있다는 걸 명심해야 한다. 영리한 투수는 타자의 조급함을 이용한다.

'원샷 원킬' 스윙은 투수를 괴롭히는 데 효과적이다. 경기 초반 4번 타자가 상대 선발 투수의 초구를 받아쳐 솔로 홈런을 쳤다고 가정하자. 이 공격은 상대에게 얼마나 충격을 줄까? 그리 크지 않을 것이다. 게다가 상대 투수가 에이스라면 1실점 정도는 툭 털어낼 거다.

4번 타자가 아무리 뛰어나봐야 9개 타순 중 하나를 차지할 뿐이다. 혼자서 할 수 있는 건 많지 않다. 동료와 함께해야 성과를 낼 수 있다. 타선(打線)은 '연결'을 의미한다.

어떤 경우에는 경기 초반에 1점을 얻는 것보다 상대 선발 투수를 마운드에서 빨리 끌어내는 게 효과적이다. 투수가 강할 때 타자는 투구 수를 늘리는 전략을 쓸 필요가 있다.

1번부터 9번까지 모든 타자가 투수와 10구까지 가는 승부를 벌인다는 가정을 해보자. 에이스 투수는 안타와 볼넷을 허용하지 않고 타선을 퍼펙트로 막아도 3이닝을 마칠 때 투구 수가 90개에 이른다. 극단적인 사례이긴 해도, 타선이 안타를 하나도 치지 못하고도 이긴 셈이다.

투수가 한 타자에게 공 10개를 던지는 경우는 흔하지 않다. 그래도 타자들의 지향점이 같다면 그 목표에 가까이 갈 수 있다. 이런 방식으로 선발 투수와의 싸움을 이겨내면 경기 후반은 훨씬 수월해진다. 선발 투수가 내려간 뒤 등판하는 다음 투수들을 상대로 타선은 더 좋은 결과를 낼 수도 있다.

다시 말하지만, '원샷 원킬'은 좋은 공을 치지 말라는 뜻이 아니다. 쳐봐야 안타가 될 확률이 낮은 공을 건드릴 필요는 없다는 거다. 그건 상대 투수를 도와주는 일이기 때문이다. 게다가 까다로운 공을 때려봐야 범타가 될 가능성이 크다. 무사 또는 1사에서 주자가 1루에 있다면 병살타가 될 수 있다. 그래서 난 스윙을 되도록 아끼는 편이었다.

스탠딩 삼진이 부끄러운 게 아니다

나는 선 채로 삼진 당하는 걸 싫어하거나 부끄러워하지 않았다. 고맙게도 김인식 감독님 같은 훌륭한 지도자는 "삼진 당해도 괜찮으니까 나쁜 공은 절대 건드리지 마"라고 말씀해주시곤 했다. 내게 큰 힘이 되는 지지였다.

찰리 로의 책 제목처럼 타격은 '3할의 예술'이다. 성공률 30%를 좇는 타자는 기본적으로 언더독(underdog, 상대적 약자)이다. 투수가 잘 던져서 타자가 졌다면, 그 결과를 받아들일 수밖에 없다. 여기에 대해서는 논쟁의 여지가 있겠지만, 나에게는 그게 최선의 전략이었다.

이런 과정을 통해 타자는 자신만의 스트라이크존을 설정해야 한다. 그다음 좋은 스윙을 만들어야 한다. 말이 쉽지, 실행하기는 정말 어렵다. 좋은 스윙이 무엇인지, 어떻게 만들어야 하는지는 '네버 엔딩 스토리'다.

돌아보면 천안북중학교 3학년 시절이 내게 아주 중요했다. 중학교 대회는 고등학교 대회만큼 자주 열리지 않는다. 따라서 중학생 선수는 실전 경기를 뛸 기회가 많지 않다. 덕분에 난 훈련만 엄청나게 했다.

똑같은 걸 반복하기 지겨워서 여러 타격을 실험했다. 스트라이드 없이 힙턴(hip turn)을 중심으로 스윙을 해봤고, 왼다리를 무릎 높이까지 올렸다가 내딛는 레그킥(leg kick, 앞다리를 들었다가 앞으로 내디디며 추진력을 얻는 타법)도 해봤다. 왼 어깨를 홈플레이트 방향으로 밀어 넣어 '벽'을 만들어 보기도 했다.

시키는 것만 하지 않고 스스로 다양한 시도를 해봤다. 좋은 결과는 고등학교 진학 후에 내면 되니까 중학생 시절에는 기초를 다지는 데 전념한 거다. 이 과정을 통해 내 장점과 단점을 더 정확히 알 수 있었다.

2023년 KBO리그 정규시즌 핫앤드콜드존

1. 우타자: 타율/장타율

자료 출처: 스포츠투아이

0.148/0.180	0.194/0.281	0.195/0.251		
	0.244/0.392	0.286/0.469	0.259/0.385	
0.217/0.281	0.305/0.485	0.340/0.530	0.311/0.431	0.234/0.270
	0.305/0.484	0.313/0.465	0.243/0.301	
0.094/0.116	0.199/0.244	0.155/0.171		

포수가 투수를 바라보는 시점

2. 좌타자: 타율/장타율

자료 출처: 스포츠투아이

0.188/0.238	0.176/0.243	0.147/0.185		
	0.251/0.362	0.285/0.419	0.280/0.363	
0.246/0.272	0.296/0.395	0.332/0.482	0.325/0.484	0.198/0.274
	0.248/0.311	0.291/0.427	0.293/0.467	
0.175/0.192	0.213/0.265	0.145/0.214		

포수가 투수를 바라보는 시점

워런 버핏과 '원샷 원킬' 스윙

4 시너지 효과와 '스탯 관리'

2014시즌을 앞두고 한화 이글스는 '국가대표 테이블 세터'를 영입했다. 정근우 선수와 이용규 선수를 자유계약선수(FA)로 한 번에 데려온 것이다. 2009년 이후 내내 최하위권을 벗어나지 못한 이글스의 대대적인 전력 보강이었다.

정근우 선수와 이용규 선수는 국가대표팀에서도 1번, 2번 타순을 맡았던 타자들이다. 이들의 합류 덕분에 이글스 상위 타선은 어느 팀과 비교해도 뒤지지 않을 것 같았다.

그러나 야구는 그렇게 간단한 계산으로 원하는 답을 얻을 수 없다. 선수들 모두 열심히 뛰었지만, 이글스는 2014년에도 최하위(9위)에 머물렀다. 팀 타율 0.283(7위), 팀 득점 619점(9위)으로 2013년 기록(팀 타율: 0.259, 8위 / 팀 득점: 480점, 9위)과 큰 차이가 나지 않았다.

그나마 2014시즌 성적은 후반기로 갈수록 나아진 결과였다. 시즌 초

에는 정근우 선수도 원인 모를 슬럼프에 빠졌다. 지는 경기가 너무 많으니 힘이 안 나는 거 같았다. 그가 느꼈을 무력감을 난 이해했다.

정근우 선수는 이글스에 오기 전 당시 최강 팀이었던 SK 와이번스에서 전성기를 보냈다. 우승도 여러 번 경험했다. 그런 그가 하위권 팀에 오니 팀 성적과 함께 자신의 타격도 가라앉는 걸 느낀 것이다.

내가 해줄 말은 정해져 있었다. "팀 타선이 부진하다고 해서 너도 같이 처지면 안 된다. 일단 너라도 살아 나가야 한다. 어떻게든 쳐내야 한다. 네가 그렇게 적응하면서 좋은 성적을 내면 후배들에게 조금이라도 좋은 영향이 갈 것이다."

내 말을 들은 정근우 선수는 "맞다. 네 말이 맞다"고 했다. 그는 특유의 허슬 플레이로 한화 타선 동료들을 자극하기 시작했다. 어깨 부상 중이었던 이용규 선수도 조금씩 제 몫을 해냈다. 그렇다고 해서 이글스 타선이 단번에 달라지진 않았다.

야구의 타선 라인업은 9명으로 구성된다. 아무리 천재적인 타자가 있다고 해도 자기 타순을 벗어날 수 없다. 잘해야 9분의 1인 셈이다. 그나마 타선 전체가 약하다면 타자 한 명의 영향력은 9분의 1조차 되지 않을 수 있다. 하루에 네댓 번 타석에 들어서도 득점권 찬스가 오지 않으면 타점을 올리기 어렵다. 또 상대 투수가 볼넷을 줘도 상관없다는 듯 유인구만 던진다면, 타자의 생산성은 뚝 떨어진다. 2009년 이후 내가 은퇴할 때까지 이글스 타선이 그랬다.

반대의 경우도 있다. "피해 갈 타순이 없다"고 표현하는, 강타자들이 즐비한 라인업이다. 이런 타순은 서로 막대한 시너지 효과를 낸다. 앞 타자의 출루율이 높고, 후속 타자가 강력하다면 투수는 타석에 있는 타자와 초구부터 정면 승부할 가능성이 크다. 이런 타선의 일원이었던 정근우 선수가 이글스에 와서 고전했던 건 충분히 이해가 간다.

내가 2001년 입단했을 때 이글스 타선은 강한 편이었다. 게다가 난 젊은 선수였기 때문에 내 역할만 해도 충분했다. 내가 못 안타를 못 치더라도 뒤 타순의 쟁쟁한 선배들이 타점을 올려줄 거란 믿음이 있었다. 실제로 그런 경우가 많았다. 그럴수록 타격하기가 수월했다.

그러나 서른 살 전후로는 이글스 타선이 너무 약해졌다. 나는 상대의 집중견제를 받았다. 유인구가 계속되거나 빈볼이 날아들면 내가 9분의 1 역할도 하지 못한다는 무력감에 시달렸다.

야구는 혼자 하는 게 아니다. 그래도 난 매일 잘하고 싶었고, 매일 이기고 싶었다. 아무리 고민해도 결론은 하나였다. 쉽게 아웃되지 않는 것, 투수와 끈질기게 승부해서 좋은 타구를 날리는 것이다. 아니면 볼넷이라도 얻어 나가는 것이다. 누구든 1루만 밟는다면 득점 확률이 조금이라도 올라간다.

타선이 약하다는 이유로 내가 장타만 노렸다면 어땠을까? 개인적으로 홈런이 몇 개 늘어났을지 몰라도 득점 생산력(RC, runs created)은 더 떨어졌을 것이다. 서른 살 이후 난 이글스 타선의 리더로서 득점력을 올리는 데만 집중했다. 그게 내가 할 수 있는 최선이었다.

'스탯(statistic, 통계기록) 관리'란 말이 있다. 이글스가 하위권에서 벗어나지 못할 때 어떤 팬들은 내 타격을 보고 '김태균은 스탯 관리만 한다'고 비난했다. 팀 성적이 부진해서, 또 내가 더 많은 홈런을 치지 못했기

시너지 효과와 '스탯 관리'

때문에 그런 인식이 생겼다고 생각한다.

그래도 참 이상했다. 내가 20대 시절에 볼넷을 많이 얻고 출루율이 높으면 '선구안이 좋다. 자기 욕심을 내지 않고 팀 배팅을 한다'고 칭찬받았다. 내 타격 성향은 크게 달라지지 않았는데도 30대에는 '개인 기록만 챙긴다'는 말을 들었다.

이글스의 긴 암흑기 동안 내 어깨는 점점 무거워졌다. 좋은 공을 기다렸다가 단 한 번의 스윙으로 승부하는 '원샷 원킬' 타격으로는 득점력이 떨어진다고 느낄 때가 있었다. 이런 경우에는 4번 타자인 내가 뭐라도 해야 했다. 내가 좋아하는 공이 아니라도 배트를 갖다 대는 거다. 경기 중반까지 상대 투수에게 노히트노런으로 눌리면 '바가지 안타'라도 쳐서 동료들 마음을 편하게 해줘야 하는 경우도 몇 차례 있었다.

득점권에 주자가 나가 있는 경우 대부분의 투수는 (꼭 고의볼넷이 아니더라도) 나와의 정면 승부를 피했다. 투수가 유인구를 던질 걸 알면서도 내 방망이가 따라 나가는 일이 점차 많아졌다. 1점이 귀한 상황에서는 중심타자가 그렇게라도 해야 했다. 이걸 위해 다양한 투구의 코스와 속도에 대응하는 스윙 메커니즘이 필요했다. 그런 과정에서 나온 안타를 '스탯 관리'라고 치부한다면 더는 할 말이 없다.

그래도 이거 하나는 분명히 말할 수 있다. 내가 생각하는 팀 배팅은 '쉽게 아웃되지 않는 것'이다.

5 심판 말고 타자의 존을 그리자

타자는 무엇보다 자기 자신을 잘 알아야 한다. 더구나 타격은 복잡하고 예민한 동작의 연속이다. 매일 돌아보고 연구하는 게 좋다. 자기가 강한 코스가 어디인지, 약한 곳은 어디인지 완벽히 파악해야 한다. 내가 느끼는 것과 데이터로 나온 강·약점이 다를 수도 있다. 객관화를 통해 '진짜'를 가려내야 한다.

가운데 공은 모든 타자가 좋아한다. 일단 스트라이크와 볼을 구별하기 쉽다. 또한 기술적인 측면으로 봐도 대응하기 수월하다. 게다가 자연스러운 자세, 완벽한 밸런스로 타격할 수 있어 정타(正打, 정확하게 친 타구)를 만들 확률이 높다. 잘 치는 타자의 이 코스 타율은 4할이 넘는다. 못 쳐도 3할은 된다.

타자는 스트라이크존 한가운데를 중심으로 자신만의 존을 설정해야 한다. 스트라이크라고 해도 모든 투구를 잘 칠 수는 때문이다. 내가 어떤 코스에 강한지, 핫 앤드 콜드존(hot & cold zone, 타자의 강약점을 구간으로 나눈 도표)이 어떻게 변하는지 파악하고 대응해야 한다.

내 약점은 끝까지 비밀이었다

내 핫존은 스트라이크존 가운데를 중심으로 약간 낮은 코스였다. 한 타석에 공 하나만 여기로 오길 기다렸다. 훈련은 평소에 해야 하고, 전략은 타석에 들어서기 전에 짜야 한다. 타석에서는 내 존에만 집중했다. 컨디션이 좋지 않을 때일수록 더 그랬다.

조금 극단적으로 말하면, 난 높은 공을 치면 안 되는 타자였다. 그래서 하이 피치 볼은 거의 손대지 않았다. 은퇴할 때까지 내 약점은 비밀이었다.

내가 타격을 준비할 때 마지막으로 하는 동작이 헬멧 챙을 조정하는 거였다. 시선을 아래로 향하게 한 뒤에 헬멧 챙으로 내가 설정한 스트라이크존의 상단을 설정했다. 이렇게 해놓고 챙에 가려지는 공(하이 피치)은 건드리지 않았다. 내가 좁혀놓은 시야에 보이는 공만 노렸다.

더스틴 니퍼트는 하이 패스트볼을 잘 활용하는 투수였다. 키 203cm의 장신이 만드는 릴리스 포인트(release point, 투수가 공을 놓는 지점)가 상당히 높았다. 그가 던지는 하이 볼은 특히 까다로웠다. 니퍼트를 상대할 땐 나는 하이 피치를 아예 건드리지 않았다. 헬멧 챙을 활용해서 낮은 공이라도 잘 대응하는 게 최선이었다.

이 설명이 의아하게 들릴 수 있다. 야구팬들이나 선수들은 "타자 시선과 가까운 높은 투구는 장타를 맞기 쉽다"라거나 "투수는 높은 공을 던지면 안 된다"는 말을 들었을 거다.

이 말이 모두에게 맞지는 않다. 나는 덩치가 큰 편인데도 하이 피치에 약점이 있었다. 그 이유는 내 스윙 궤적이 다운컷에 가까웠고, 또 히팅 포인트가 다른 타자들보다 뒤에 있었기 때문이다. 보통 투구가 타자의 앞발(오른손 타자라면 왼발) 부근에 왔을 때 배트와 만나는데 내 히팅 포인트는 평균보다 20~30㎝ 후방에 형성됐다. 히팅 포인트가 뒤에 있는 타자는 하이 피치보다 낮은 공을 잘 공략한다.

몇 년 전만해도 내가 타석에 들어서면 상대 팀 선수들이나 코치님들이 투수에게 "무조건 낮게 던져"라고 소리쳤다. '높은 공을 던지면 위험하다'는 고정관념이 KBO리그에 만연해 있었던 거다.

난 속으로 '땡큐'라고 외쳤다. 낮은 공을 때려서 좋은 타구를 만들 자

2009년 3월 7일 제2회 월드베이스볼클래식(WBC) 1라운드 경기에서 일본 선발 투수 마쓰자카 다이스케로부터 홈런을 때려내는 장면. 약간 높았지만, 당시 내 눈에는 가운데 공으로 보였다. 타자는 심판의 존과 별개로 자신이 잘 칠 수 있는 존을 잘 파악하고, 공략해야 한다. 나는 0스트라이크나 1스트라이크까지는 한가운데 공만 치려고 노력했다.

심판 말고 타자의 존을 그리자

신이 있었기 때문이다. 반면 하이 피치는 아무리 때려도 좋은 타구가 좀체 나오지 않았다. 내가 높은 공에 방망이를 많이 냈다면, 타율과 홈런이 모두 감소했을 것이다. 자신의 장단점을 파악하는 건 정말 중요하다.

움직임 적어야 정확성 높아져

프로에서 몇 년 뛰면서 높은 공에 대처하는 요령이 향상됐다. 그래도 가급적 하이 볼을 건드리지 않는 게 상책이었다. 내가 2010년 일본 롯데 마린스에 입단한 뒤로는 꽤 고전했다. 일본 투수들이 하이 패스트볼을 적극적으로 활용했기 때문이다. 투구의 무브먼트도 상당히 심했다. 한국 투수들과 가장 다른 점이 바로 이거였다.

난 2010년 일본 투수들과 상대하면서 21홈런을 때려냈다. 그렇게 버틸 수 있었던 건 파워 포지션(power position, 총을 장전하듯 배트를 쥔 두 손을 뒤로 뺀 자세)에서 히팅 포인트까지 가는 거리가 짧은 덕분이었다. 하체 움직임이 거의 없고, 스윙이 간결했기 때문에 까다로운 공을 콘택트할 수 있었다.

난 타격할 때 움직임을 최소화해야 한다고 믿는다. 그래서 테이크백(take back, 타격하기 전에 배트를 뒤로 빼면서 힘을 모으는 동작)을 하지 않았다. 스트라이드(stride, 앞발을 내디디며 체중을 앞으로 이동하는 자세)도 거의 없었다. 투수가 공을 던지기 전 파워 포지션을 뒤에 뒀고, 두 다리를 고정했다. 다른 타자에게는 이 동작이 불편하고, 파워를 모으기 어려울 수도 있다. 그러나 나는 시행착오 끝에 이 자세를 만들었다.

내가 스물여덟 살이었던 2010년에는 파워가 좋았다. 테이크백과 스트라이드 없이 엉덩이를 뒤로 뺐다가 그 반동으로 투구의 힘을 이겨낼 수 있었다. 투수 친화적인 마린스타디움을 홈구장으로 쓰면서도 장타를 제법 쳐낸 이유는 군더더기 없는 스윙에 근력까지 받쳐준 덕분이었다. 그래도 높은 공을 쳐서 홈런으로 만들지는 못했다. 가운데에서 낮은 코스의 공을 주로 노렸다. 이는 타자가 스트라이크라고 해서 모든 공을 다 공략할 필요가 없다는 말도 된다.

지금까지 설명한 건 볼카운트가 0스트라이크 또는 1스트라이크일 때 해당하는 이론이다. 이때는 철저하게 자기가 설정한 존만 좁혀서 공략하면 된다.

그러나 2스트라이크에서는 전략을 바꿔야 한다. 스트라이크를 하나 더 먹으면 삼진이 되기 때문에 내 타격만 고집할 수 없다. 2스트라이크에서는 심판의 존에 맞춰 타격해야 한다. 내가 좋아하지 않는 공이라도 스트라이크존에 들어오면 쳐야 한다.

콘택트에 집중해야 하는 2스트라이크에서 명심할 점이 몇 가지 있다. 우선 심리적으로 몰리지 않아야 한다. 삼진을 두려워한 타자가 나쁜 공에 스윙하기를 투수는 기다린다. 이럴 때일수록 생각을 단순화해야 타자의 반응 속도가 빨라진다. 좋은 타이밍에서 공을 맞히고, 하체의 힘을 충분히 이용한다면 얼마든지 홈런을 칠 수 있다.

볼카운트가 불리할 때 필요한 기술은 역시 간결한 스윙이다. 투수의 다양한 구종과 넓은 스트라이크존에 대응하기 위해서는 파워 포지션과 히팅 포인트까지의 거리가 짧아야 한다. 그리고 배트를 길게 뻗을 수 있는 스윙 궤적이 동반돼야 한다. 이건 반복 훈련을 통해 만들 수 있다.

다운컷 스윙(downcut)

투구를 위에서 아래로 내려치는 스윙. 파워 포지션에서 임팩트까지 오는 거리가 짧아 타자에게 효과적이다. 그러나 이 궤적이 히팅 포인트 이후에도 유지되면, 공을 위에서 아래로 누르게 된다. 이 궤적으로는 탁구공에 드라이브가 걸린 것처럼 타구가 멀리 뻗기 어렵다. 이 때문에 배트를 재빠르게 내린 뒤 투구 궤적에 따라 대응하는 기술이 필요하다.

어퍼컷 스윙(uppercut)

복싱 기술인 어퍼컷처럼 아래에서 위로 올려치는 스윙. 임팩트 후 방망이가 투구의 밑을 파고들면 타구를 높이 띄울 수 있다. 이때 공에 걸리는 스핀도 공기 저항을 뚫기에 유리하다. 그러나 공을 띄우려는 욕심이 앞서면 임팩트 때 배트가 궤적이 지나치게 올라가 공의 윗부분을 때릴 가능성이 커진다. 그러면 타구에 드라이브가 걸린다.

내가 심판에게 어필하지 않은 이유

투수와 타자는 스트라이크존에서 영역 싸움을 한다. 규칙에 명시된 스트라이크존이 투수에겐 좁아 보이고, 타자는 넓다고 느끼는 법이다. 그래서 투수도, 타자도 심판에게 불만이 있다. 공 판정 때문에 선수와 심판이 다투는 장면을 어렵지 않게 볼 수 있다.

나는 프로야구에서 20년을 뛰는 동안 심판과 언쟁한 적이 없다. 그 이유가 몇 가지가 있다. 일단 심판의 스트라이크존은 내가 설정한 존보다 넓다. 0스트라이크 또는 1스트라이크에서 보더라인에 걸치는 공을 때려봐야 좋은 타구를 만들기 어렵다. 그래서 심판이 모호한 공을 스트라이크로 선언해도 나는 수긍했다.

2스트라이크 이후에 억울한 판정이 내려졌다면 타자는 아웃카운트 하나를 손해 본다. 그러나 심판과 싸운다고 판정이 번복될 리 없다. 선수도, 심판도 사람이다. 누구나 실수할 수 있다. 상대의 감정을 상하게 해서 좋을 게 없다.

심판과 언쟁하면 선수는 흥분할 수밖에 없다. 한 번 흔들린 멘털이 다음 타석까지 영향을 끼칠 가능성은 매우 크다. 난 그게 정말 싫었다. 다음 타석에서는 냉정을 찾고, 불리한 판정을 내 힘으로 꼭 이겨내고 싶었다. 그럴 때 느끼는 성취감이 컸다.

심판 판정에 흔들리지 않으려면 내 타격이 단단해야 한다. 다음 타석에서 만회할 수 있다는 자신감이 있어야 한다. 그러기 위해서는 더 훈련해야 했다.

체중 이동

○ ○ ○ ○

Weight shift

1 추진력이냐, 회전력이냐

야구팬들의 단골 질문이 있다.

타이 콥이 최고로 훌륭한 타자인가?

베이브 루스가 더 위대한가?

행크 애런이 더 뛰어난가?

테드 윌리엄스가 역대 최고인가?

메이저리그 역사를 통틀어서도 최고 타자로 꼽히는 이들의 우열을 가리는 건 불가능하다. 스타일이 다를 뿐이다.

'체중 이동'과 '엉덩이 회전'의 대결

MLB 역사상 최초의 '야구왕'이라 불리는 타이 콥(1886~1961)은 20

세기 초반 최고의 타자였다. '데드볼 시대'에서 뛴 탓에 홈런이 많지 않지만 타율왕에 12차례, 장타율왕에 8차례 오를 만큼 만능 타자였다.

왼손 타자인 콥은 투수가 던진 공을 맞이하듯 앞으로 나가면서 타격했다. 왼발에서 오른발로 체중을 이동하며 추진력을 얻는, 이른바 '웨이트 시프트 시스템(weight shift system)' 스윙이었다. 콥의 기량이 워낙 특출해서 이 타법의 대표 주자로 불렸을 뿐이지 당시 대부분의 타자가 이런 자세로 타격했다고 한다.

'라이브볼 시대'가 열리고 베이브 루스(1895~1948)가 등장하면서 판이 바뀌었다. 역시 좌타자인 그는 두 다리를 거의 붙인 채(좁은 스탠스) 타격을 준비했다. 그리고 오른발을 앞으로 내디디며 스윙하는 동작은 그 시대 다른 타자와 크게 다르지 않아 보였다.

임팩트는 달랐다. 루스는 엉덩이를 강하게 돌리면서 엄청난 회전력을 만들어냈다. 통산 659홈런을 터뜨리며 MLB에 홈런의 시대를 알린 루스의 타격은 '로테이셔널 히팅 시스템(rotational hitting system)'이라고 많은 전문가들이 일컫는다.

루스의 타격을 더 발전시키고 체계화한 인물로 왼손 타자 테드 윌리엄스가 꼽힌다. '마지막 4할 타자'로 유명한 그는 강력한 힙턴을 강조했다. 투구 궤적에 맞게 살짝 올려 치는(slight upswing) '윌리엄스 스트로크'의 중요성을 역설했다. 그의 이론과 경험은 유명한 저서 『타격의 과학』에 잘 담겨 있다. 오늘날까지 타격의 고전으로 꼽히는 책이다.

윌리엄스의 이론을 찰리 로가 반박했다. 역시 좌타자인 로는 MLB 통산 타율 0.255를 기록했다. 앞서 언급한 위대한 타자들의 커리어와 거리가 멀다. 그러나 그는 1970년대를 대표하는 타격 코치였다. '타격'과 '타격을 지도하는 것'은 큰 차이가 있다는 게 그의 주장이었다. 로는 저서 『3할의 예술』을 통해 웨이트 시프트 시스템을 강조했다.

이들의 자존심 싸움은 대단했다고 한다. 데드볼 시대 최고 타자였던 콥은 루스가 홈런을 펑펑 터뜨리며 인기를 끌자 "4할 타율도 못 치는 녀석"이라고 깎아내렸다고 한다. 물론 훗날 두 전설인 타자들은 서로를 인정하며 존경했다고 들었다.

당겨 치기를 즐기는 윌리엄스가 슬럼프에 빠지자 콥은 두 페이지 반에 이르는 편지를 써 그에게 전했다. 또 직접 만나서도 자신의 이론을 한참 설명했다. 그런데도 윌리엄스는 콥의 말이 "낯선 외국어처럼 들렸다"고 책에 썼다. 타격의 지존이라고 할 만한 두 사람의 이론이 서로 통하지 않았던 거다.

로는 윌리엄스의 이론을 공격했다. 그러자 윌리엄스는 "나는 한 번도 로의 이론대로 스윙한 적이 없다"며 깔아뭉갰다. MLB 코치와 선수들은 로와 윌리엄스의 이론을 주제로 숱한 논쟁을 벌였다고 한다. 일본 야구에서도, 한국 야구에서도 마찬가지였다. 다시 강조하지만 '타격은 노답'이다.

윌리엄스의 주장 "엉덩이로 친다"

편의상 로테이셔널 히팅 시스템을 '엉덩이 회전', '웨이트 시프트 시스템을 '체중 이동'으로 표현하겠다. 내가 이해하는 두 타법을 최대한 단순하게 설명하려 한다.

추진력이냐, 회전력이냐

① 톱 포지션부터 히팅 포인트까지 최단 거리 만들기, 손목을 꺾어 코킹을 만든 뒤 배트의 회전력을 모으기 ② 오른팔을 가슴에 붙인 채 배트를 끌고 나와 임팩트 때 팔을 쭉 펴기(인 앤드 아웃 스윙), 스윙의 결을 수평에 가깝게 잘 만들어서 콘택트존 넓히기, 벽(왼 어깨부터 골반까지)이 무너지지 않도록 단단하게 고정 ③ 뒷발(오른발)에 70%쯤 모인 무게중심을 앞으로 이동하는 웨이트 시프트 시스템 + 코어를 회전하며 에너지를 폭발하는 로테이셔널 히팅 시스템

웨이트 시프트 시스템을 잘 쓰는 김하성(왼쪽 사진). 오른손 타자인 그는 왼발을 높이 올렸다가 앞으로 내디디며 강한 추진력을 만든다. 체중을 충분히 타구에 싣는 것이다. 힙턴을 통해 얻는 에너지도 있지만, 하체 이동으로부터 얻는 파워가 더 클 때가 많다. 로테이셔널 히팅 시스템을 잘 활용하는 이정후(오른쪽 사진). 강한 허리 회전을 통해 좋은 타구를 만든다. 사진을 보면 엉덩이부터 허리까지 얼마나 유연하게 움직이는지 알 수 있다. 회전력이 워낙 커서 오른발목이 꺾이기도 한다. 물론 하체 움직임을 통한 추진력도 얻는다.

추진력이냐, 회전력이냐

엉덩이 회전은 말 그대로 엉덩이와 허리를 돌리는 힘(회전력)을 극대화하는 타법이다. 이를 위해 스트라이드는 최소화한다. 배트를 잡은 두 손도 미리 파워 포지션에 갖다 둔다. 그러니까 타자의 움직임을 최소화했다가 간결한 동작으로 타격하는 것이다. 힙턴으로 만든 회전력을 타구에 실어 보내는 거다.

엉덩이 회전은 주로 당겨 치는 타자에게 유용하다. 윌리엄스가 자신의 책에 '엉덩이: 움직임이 시작되는 곳'이라는 챕터를 쓴 이유다. 그는 "엉덩이를 살짝 당겼다가 돌리는 동작이 힘을 균형 있게 끌어내는 일과 직결된다"고 했다. 훌륭한 타자들은 예외 없이 엉덩이 회전 동작이 좋았다는 거다.

윌리엄스는 '엉덩이가 모든 동작을 이끈다'는 챕터에서 엉덩이가 스윙의 추진력을 만든다고 다시 설명했다. 방망이로 투구를 정확히 맞히면 15㎝ 정도 함께 앞으로 이동한다. 이때 엉덩이가 투구를 향해 회전하면 힘이 잘 전달된다.

그렇게 몸을 충분히 연(엉덩이 회전이 이뤄진) 상태에서 손목을 돌려야 한다고 윌리엄스는 주장한다. 그가 활약했던 시대 대부분의 전문가는 "윌리엄스는 손목으로 친다"고 말했다. 그러나 이 설명은 임팩트 이전 단계를 간과했다.

이런 스윙을 하면 타구는 엉덩이가 회전하는 방향, 즉 오른손 타자라면 좌익수 방면으로 날아가는 경우가 많다. 당겨치기 타격이 되기 때문에 타자의 회전력을 충분히 전달할 수 있어 장타 생산에 유리하다.

또한 타자 허리와 가까운 곳에서 임팩트가 이뤄지면 타구에 큰 힘이 실린다. 회전축에 가까울수록 에너지 손실이 적기 때문이다. 따라서 엉덩이 회전이 이뤄지는 곳(오른발과 왼발 사이)에서 타격하면 좋은 타구를 만들 수 있다. 흔히 "히팅 포인트가 뒤에 있다"고 말하는 타격이다. 루스와 윌리엄스의 타격이 이런 로테이셔널 히팅 시스템이었다.

윌리엄스는 1960년 선수 생활을 마무리했다. 42세 나이에 타율 0.316을 기록한 뒤 그라운드를 떠났다. 그가 1969년 워싱턴 세너터스 감독을 맡아 타자들의 기량 향상을 이끌면서 윌리엄스의 이론은 거의 절대적인 영향력을 발휘했다.

루스의 타격, 윌리엄스의 설명에 누가 감히 토를 달까? 그러나 이들과 전혀 다르게 답하는 이들도 있었다.

TK's Baseball Info
라이브볼 시대(live-ball era)

1920년 이후 MLB에 홈런 등 장타가 급증한 시기. 야구공 안에 단단한 코르크 심을 넣어 반발력을 키운 덕분이었다. 또 공에 흠집이 나면 바로 교체했고, 투수들의 부정 투구를 철저히 금지하는 등 타자에게 유리한 규칙이 만들어졌다. 베이브 루스 등 홈런 타자들이 야구 경기를 다득점 판도로 바꿨다. MLB 출범부터 1919년까지를 데드볼 시대(dead-ball era)라고 한다. 공의 반발력이 크지 않았기 때문에 타이 콥, 호너스 와그너 등 타율이 높고 도루를 많이 하는 선수들이 득세했다.

2 하나의 이론만이 정답일 리 없다

찰리 로는 테드 윌리엄스의 이론을 정면으로 반박했다. 그는 웨이트 시프트 시스템을 주장하며 윌리엄스의 주장을 조목조목 반박했다. 로는 엉덩이 회전보다 체중 이동이 더 중요하다고 했다.

"다리를 이동하며 때린다"

윌리엄스가 강조하는 로테이셔널 히팅 시스템은 히팅 포인트가 축발(오른손 타자의 오른발)에 가깝다는 뜻으로 '뒷발 타격'이라고 불렀다. 로는 이 타격을 저격하며 몇 가지 문제점을 지적했다. 일단 엉덩이를 크게 돌리면 바깥쪽 공에 대응하기 어렵다고 주장했다. 또 당겨 치면 삼진과 땅볼이 나올 가능성이 크다고 지적했다.

아울러 로는 윌리엄스와 정반대의 이론을 주장했다. 메이저리그의 위대한 타자를 비디오로 분석한 결과, 타격 순간 앞발(오른손 타자의 왼발)에 체중이 실려 있다는 것이다. 베이브 루스의 홈런 기록을 넘어선 행크 애런이 그랬던 것처럼 콘택트 순간 뒷발이 지면에서 떨어지기도 한다. 즉 뒷발에서 앞발로 무게중심을 옮겨야 하고, 임팩트 순간 앞발에 체중이 실려야 한다는 게 로의 이론이다.

웨이트 시프트 시스템은 1970년대 로가 타격 코치로서 큰 성공을 거두면서 주목 받았다. 이는 곧 윌리엄스 타격을 부정하는 것이었다. 두 사람은 하체 움직임을 통해 파워를 쓰는 방법뿐 아니라 배트를 쥔 손을 쓰는 방법에서도 이견을 보였다.

두 타격 이론은 50년 동안 맞붙었다. 그래서 결론이 나왔을까? 아니다. 로테이셔널 히팅 시스템과 웨이트 시프트 시스템은 각자의 해답이었을 뿐, 유일한 정답이 아니기 때문이다.

엉덩이 회전력만을 이용해 타격하는 타자는 없다. 마찬가지로 체중 이동을 통한 추진력으로만 칠 수도 없다. 타격에서 하나의 이론만이 정답일 리 없다. 극단의 주장 사이에서 타자들은 자신에게 가장 알맞은 길을 찾아야 한다.

두 타격 이론의 시각에서 보면 난 어떤 유형의 타자였을까? 대부분은 내가 로테이셔널 히팅을 했다고 말할 것이다. 틀린 말은 아니다. 내 타격이 윌리엄스의 이론과 비슷하다는 걸 부정할 수 없다.

그렇다고 내가 '뒷발 타격'만 한 건 아니다. 타구에 힘을 싣기 위해 직선 운동(체중 이동)과 회전 운동(엉덩이 회전)이 다 필요하다. 나는 로테이셔널 히팅 시스템을 상대적으로 더 많이 활용했을 뿐이다. 그러다 근력이 떨어진 30대 중반에는 체중 이동을 통해 에너지를 얻으려 했다. 같은

하나의 이론만이 정답일 리 없다

타자의 스윙도 시간과 상황에 따라 변한다.

내가 '뒷발 타격'을 하려고 해도 투구가 내 마음대로 오는 게 아니다. 패스트볼 타이밍에 맞춰 힙턴을 하는데 변화구가 날아들 때가 있다. 이런 경우, 나는 뒷발에 집중돼 있던 무게중심을 앞발로 옮겼다. 오른 무릎으로 내 몸통을 앞으로 밀어내면서, 제때 회전력을 살리지 못한 걸 추진력으로 만회하는 것이다. 이런 경우에도 난 '뒷발 타자'일까? 아니다.

다른 사례를 들어도 마찬가지다. MLB에서도 거포로 성장한 오타니

메이저리그의 마지막 4할 타자(1941년 타율 0.406)로 유명한 테드 윌리엄스. 그는 엉덩이 회전을 이용해 만든 에너지를 배트에 전달하는 로테이셔널 히팅 시스템을 강조했다. MLB에서 19시즌을 뛴 그는 통산 타율 5위(0.344) 홈런 20위(521개) 출루율 1위(0.482)를 기록했다. 통산 OPS(출루율+장타율)는 1.116으로 베이브 루스(1.164)에 이어 2위에 올라 있다. 윌리엄스는 타격 기술도 뛰어났지만, 영리한 전략과 정확한 선구안으로도 유명했다. 윌리엄스는 명저 「타격의 과학」을 통해 "타격의 절반은 머리로 한다" "스트라이크존 바깥으로 2인치 빠지는 공을 건드리면 투수의 존을 35%나 넓혀주는 꼴"이라고 주장했다.

하나의 이론만이 정답일 리 없다

쇼헤이의 타격 메커니즘은 로테이셔널 히팅 시스템에 가깝다. 그는 로딩(loading, 스윙을 시작하며 힘을 모으는 동작) 때 앞발을 지면에서 떼지 않는다. 오른발 뒤꿈치를 살짝 들었다가 놓으면서 강한 엉덩이 회전을 이용해 에너지를 폭발한다.

그가 2021~2023년 홈런 124개를 터뜨린 장면을 몰아보기 해보자. 히팅 포인트만 비교해도 절대 똑같지 않다. 임팩트가 뒷발에 이뤄지는 건 과장된 표현이다. 보통 타자의 배꼽 앞에서 콘택트를 하면 포인트가 뒤에 있다고 한다. 오타니가 때린 홈런의 히팅 포인트는 다 다르다. 배꼽부터 앞발까지 40~50㎝에 이르는 구간에 넓게 퍼져있다. 엉덩이 회전으로 만드는 힘과 체중 이동으로 얻는 파워를 모두 쓰는 것이다. 다만 상황에 따라 비중이 다를 뿐이다.

이승엽 선배는 1990년대부터 '외다리 타법'으로 유명했다. 앞발을 높이 들었다가 내디디며 힘을 폭발했다. 체중 이동을 중시했으니 이승엽 선배는 로의 이론대로 친 걸까? 아니다. 힘을 모으는 과정은 웨이트 시프트 시스템이지만, 임팩트 순간에는 어느새 로테이셔널 히팅 시스템으로 바뀌어 있었다. 타격 후 이승엽 선배의 몸이 앞으로 쏠리지 않고 빙글 돌았던 이유다.

50년 논쟁...뒷발 타격 vs 앞발 타격

훌륭한 타자들은 대부분 직선 운동과 회전 운동을 모두 활용한다. 물론 극단적인 사례가 있다. 현대 야구에서 로테이셔널 히팅 시스템을 가장 잘 활용한 타자는 빅리그 통산 최다 홈런(762개) 기록자인 배리 본즈 같

하나의 이론만이 정답일 리 없다

다. 약물 스캔들로 얼룩지긴 했으나, 강한 회전력을 만드는 그의 스윙은 MLB 역사에 손꼽힐 정도로 뛰어났다.

반대로 웨이트 시프트 시스템을 극단적으로 쓰는 타자도 있다. 크지 않은 체격으로 2020년 KBO리그에서 30홈런을 치고 MLB에 진출한 김하성은 전형적인 '앞발 타자'다. 그는 몸을 앞으로 전진(체중 이동)해서 모든 공을 찍어 치는 데 탁월하다. 하체 움직임도 좋지만 오른손을 쓰는 기술이 워낙 뛰어나서 좋은 성적을 내는 것 같다.

일반적으로 윌리엄스의 뒷발 타격은 파워 히터에게 더 좋다고 한다. 힘은 충분하니까 히팅 포인트를 뒤에 두고 타격하면 정확도를 높일 수 있다는 이유에서다. 반대로 로의 이론은 정확성 높은 타자가 장타력을 보강하기에 알맞다는 주장이 있다.

이 말에 나도 대체로 동의한다. 전성기 시절 내 타격 영상을 보면 뒷발(오른발)이 지면에 딱 고정돼 있다. 흔히 말하는 '공을 받쳐놓고 치는' 타격이었다. 로테이셔널 히팅 시스템의 특징이다. 파워가 충분한 시절이니까 투구를 기다렸다가 또박또박 받아친 거다.

그러나 30대 중반이 된 2016년 이후 내 타격을 보면 뒷발이 앞으로 쏠려나오는 경우가 많았다. 즉 체중이 앞으로 이동하는 웨이트 시프트 시스템에 가까워진 것이다. 힘이 달리니 그렇게 된 것이다.

이런 연구와 논쟁을 통해 우리가 배워야 할 것은 무엇일까? 윌리엄스의 말이 맞다거나, 로의 이론이 옳다는 게 아니다. 타격은 여러 기술과 이론이 융화한 '종합 예술'이라는 점이다.

투수의 손을 떠난 패스트볼은 0.4초 만에 홈플레이트를 통과한다.

하나의 이론만이 정답일 리 없다

그 공을 둥근 배트로 쳐내는 타격은 "모든 스포츠를 통틀어 가장 어려운 일(윌리엄스)"이다. 그래서 하나의 이론으로 설명할 수 없다. 과학적 연구와 수없는 반복 훈련이 필요하다. 자신에게 가장 잘 맞는 스윙을 만드는 게 중요하다.

내 타격은 로테이셔널 히팅 시스템 비중이 높은 게 사실이다. 그렇다고 윌리엄스 이론에 다 동의하는 건 아니다. 예를 들면, 윌리엄스는 하이 패스트볼을 칠 때 투구의 윗부분을 다운컷하는 느낌으로 타격하라고 했다. 내가 이해하기로 이 말은 '투구 스피드에 타자가 밀릴 때 타격 타이밍을 빨리 잡으며 공을 내리찍어야 한다'는 조언 같다. 히팅 포인트를 앞에 두라는 뜻으로 이해했다.

난 그러지 않았다. 윌리엄스가 활약한 시대와 달리 현대의 투수들은 패스트볼부터 느린 변화구의 구속 차이를 잘 이용한다. 히팅 포인트를 앞에 두면 변화구 대응이 어려워진다. 또 하이 패스트볼을 내려치면 왼 어깨가 열리는, 즉 '벽'이 무너지는 걸 느꼈다. 그게 도어 스윙(door swing, 문을 여닫듯이 크게 원을 그리는 동작)이다.

그래서 난 하이 패스트볼을 무리하게 쫓아가기보다는 내 스윙 밸런스에 더 집중했다. 패스트볼과 브레이킹볼 중간 정도에 타이밍을 잡았다. 히팅 포인트를 내 몸통 가까이 두고, 내가 예측한 것보다 공이 빠르게 날아오면 순발력을 이용해 대응하려 했다. 타구에 힘을 더 실으려 노력했다. 꼭 높은 공을 타격해야 할 상황에서도 내려찍지 않았다. 오히려 올려치려고 했다.

난 윌리엄스와 대척점에 서 있는 로의 이론에서 타격 아이디어를 떠

하나의 이론만이 정답일 리 없다

올린 적도 많았다. 무엇이 자신에게 맞는지 끊임없이 고민하고, 실험해야 한다. 타격은 두 이론이 서로 부딪히면서 함께 정답을 찾아가는, 아주 긴 토론이다.

하나의 이론만이 정답일 리 없다

세상은 넓고, 강자는 많다

천안북중학교를 졸업한 나는 북일고등학교로 진학했다. 고교 시절은 내 야구 인생에서 아주 중요한 시기였다. 북중학교 2~3학년 때 내 포지션이 포수였는데, 북일고 입학 후에는 마스크를 쓸 수 없었다. 3학년 선배가 청소년 국가대표 포수였기 때문이다. 초등학교 때 야구를 시작했을 때처럼 다시 우익수를 맡았다.

타격을 잘한 덕분에 난 고교 1학년 때부터 주전으로 뛸 수 있었다. 4번 타자는 아니었고, 주로 3번을 치거나 5, 6번을 번갈아 쳤다. 1학년이 주전으로 뛰는 선수는 전국에서 나밖에 없는 줄 알았다. 자신감이 넘치던 시절이었다.

어느 날 북일고는 서울 휘문고와 연습경기를 치렀다. 선발로 나서 2루타를 때린 나는 베이스를 밟은 뒤 "선배님, 안녕하세요"하며 헬멧을 벗어 인사했다. 2루수와 유격수는 당연히 3학년일 거라 생각해서였다. 그런

데 휘문고 유격수가 조심스럽게 다가오더니 "태균아! 나야, 동건이"라며 알은척을 했다.

응? 누구지? 자세히 보니 아는 얼굴이었다. 중학교 대회에서 만난 김동건 선수였다. 그는 서울 잠신중학교 시절부터 유명한 유격수였다. 정말 깜짝 놀랐다. 나 말고 주전으로 뛰는 1학년이 또 있다니. 게다가 수비의 핵이라는 유격수로. 김동건 선수는 타격도 나보다 잘하는 것 같았다. 세상은 넓고, 강자는 많다는 걸 배웠다.

나 홀로 '야자 타임'

내가 고교 2학년이었던 1999년 북일고는 전국대회 우승에 도전했다. 그해 첫 대회였던 대통령배 1회전에서 우승 후보였던 동산고를 이긴 뒤 더욱 자신감을 얻었다. 우승으로 가는 길목에서 부산고를 만났다. 그 팀은 2학년들이 주축이라고 들었다. 동기생이니 내가 주눅들 필요는 없었다.

부산고 선발 투수가 예사롭지 않았다. 슝~ 하고 날아오는 공이 시속 150㎞는 되는 것 같았다. 추신수 선수였다. 내가 아는 것보다 세상은 더 넓고, 강자는 더 많다는 걸 다시 배웠다.

부산고에 2-3으로 패한 뒤 북일고 선수들은 단체 기합을 받았다. 우승 후보였던 우리가 2학년 선수들이 많은 팀에 졌다는 게 이유였다. 이후 부산고는 대통령배에서 우승했다. 추신수 선수는 최우수선수(MVP)에 올랐다. 질만한 팀에 졌다고 생각했는지 그제야 감독님이 화를 누그러뜨리셨다.

대통령배 다음으로 열린 전국대회 봉황대기에서 북일고는 우승을 차지했다. 대회 MVP 조규수 선배의 역투 덕분이었다. 우리가 이긴 팀에도 뛰어난 선수가 많았다. 특히 준결승에서 만난 군산상고 투수 이승호 선배, 유격수 이대수 선배 등 3학년들의 실력이 정말 대단했다. 난 아직 멀었다, 더 열심히 해야겠다고 다짐했다.

고교 1학년 때부터 전국대회를 경험한 건 내게 큰 행운이었다. 자만하지 않고 더 단련할 계기가 됐다. 북일고에서는 내내 숙소 생활을 했다. 점호를 마치면 밤 10시부터 취침 시간이었다. 난 매일 밤 배트를 들고 강당으로 향했다. 거기서 웨이트 트레이닝 1시간, 스윙 훈련 1시간을 한 뒤 숙소로 돌아가 잠이 들었다.

밤 11시가 넘으면 밖에서 여학생들의 수다 소리가 들렸다. 강당은 북일고와 북일여고 사이에 위치해 있었다. 야간자율학습을 끝낸 여학생들을 난 멀찌감치 바라 봤다. 수다 소리를 들으면 괜히 힘이 났다. 그래, 너희가 밤늦게까지 공부하는 것처럼 나도 야간자율훈련을 하고 있다. 야구로 꼭 성공하겠다고 스스로 독려했다.

북일고 3학년이 되자 내 타격은 어느 정도 틀이 잡힌 것 같았다. 힘이 꽤 붙었고, 타격 기술도 뛰어나다는 평가를 들었다. 연고 팀인 한화 이글스 지명을 받으면 '제2의 장종훈'이 될 거라는 칭찬도 있었다.

이때 단국대 야구부 코치님이 가끔 내 타격을 봐주셨다. 그분은 "네 타격을 보면 오치아이 히로미쓰가 떠오른다"고 하셨다. 파워 포지션에서 임팩트까지 구간이 짧고, 타구에 스핀을 주는 요령이 뛰어나다는 말씀이었다. 그게 정확히 무슨 뜻인지는 20년이 지나서야 알았다.

세상은 넓고, 강자는 많다

코치님의 비수, 열여덟 살의 오기

2000년 6월 나는 이글스로부터 2001년 신인 드래프트 1차 지명을 받았다. 그해 아마추어 선수 중 최고 유망주로 꼽힌 것이다. 어려서부터 열망했던 성공이 눈앞에 온 걸까? 그때까지 그래왔던 것처럼, 프로에서도 잘할 수 있을 거라는 자신감도 있었다.

그해 가을 난 경남 남해군에 차려진 이글스의 마무리 훈련 캠프에 참가했다. 북일고 졸업 전이었지만, 이글스 입단이 예정돼 있었으니 프로 선배들과 훈련하는 게 관례였다. 꿈과 희망을 품고 캠프를 시작했다.

며칠 지나지 않아 내 기대는 완전히 무너졌다. 막상 가보니 '제2의 장종훈'은 허황된 말 같았다. 장종훈 선배는 2000년에도 홈런 28개를 쳤을 만큼 건재했다. 코치님들은 내게 3루로 가서 공을 받아보라고 하셨다.

어릴 때부터 유격수-우익수-포수-1루수 등 여러 포지션에서 뛰어봤지만, 3루는 영 낯설었다. 곧바로 청백전을 치렀는데 수비는 물론 타격도 형편없었다. 태어나서 처음 보는 프로 투수들의 공을 제대로 치지 못했다. 공격과 수비에서 실수를 연발했다. 내 야구가 그렇게 처참했던 적이 없었다.

남해의 밤은 길고 두려웠다. 캠프 숙소는 컨테이너를 개조해 만들어졌다. 옆방에서 소곤거리는 말이 다 들릴 정도로 방음이 엉망이었다. 얇은 벽을 뚫고 내 귀에 이런 대화가 들렸다.

"야! 김태균 저 XX. 선수도 아니던데. 수비도 엉망이고. 잘한다던 타격도 생각보다 별로야."

"스카우트 파트는 왜 그런 XX를 1차 지명했는지 모르겠어. 팀을 말아먹으려고 그러나?"

옆방에서 코치님 두 분이 이런 대화를 하고 있었다. 누가 하는 말인지 단번에 알아 챌 만큼 목소리가 똑똑히 들렸다. 열여덟 살 소년에겐 비수 같은 말이었다. 하늘이 무너지는 것 같았다. 내가 그렇게 못하나? 난 이제 기회도 받지 못하는 건가? 프로에서 시작도 하기 전에 끝난 건가?

눈물이 흐르기 시작했다. 이내 울음이 터져 나왔다. 재빨리 화장실로 달려가 수돗물을 틀었다. 세찬 물소리가 내 울음소리를 덮어줄 거란 안도감이 들자 설움이 폭발했다. 수도꼭지를 붙들고 나는 한참을 꺼이꺼이 통곡했다. 수돗물처럼 눈물도 쏟아졌다.

얼마나 울었을까. 지쳐서 눈물이 나오지 않을 때까지 설움을 토해냈다. 속상한 마음을 가라앉히자 오기가 샘솟았다. 그래, 어디 한 번 해보자. 난 아직 스무 살도 되지 않았다. 선배든, 코치님이든 누구한테도 지지 않을 거다.

세상은 넓고, 강자는 많다

김태균 KBO리그 통산 성적

연도 (시즌)	팀	타율	경기	타석	타수	득점	안타	2루타	3루타	홈런
KBO 통산 (18시즌)		0.320	2015	8225	6900	1024	2209	399	8	311
2001	한화	0.335	88	289	245	51	82	13	2	20
2002	한화	0.255	105	344	298	25	76	11	0	7
2003	한화	0.319	133	573	479	67	153	24	2	31
2004	한화	0.323	129	556	473	76	153	26	1	23
2005	한화	0.317	124	529	461	73	146	33	2	23
2006	한화	0.291	124	511	423	66	123	27	0	13
2007	한화	0.290	118	491	393	62	114	13	0	21
2008	한화	0.324	115	484	410	81	133	27	1	31
2009	한화	0.330	95	389	336	63	111	15	0	19
2012	한화	0.363	126	513	416	61	151	24	0	16
2013	한화	0.319	101	430	345	41	110	24	0	10
2014	한화	0.365	118	508	422	66	154	30	0	18
2015	한화	0.316	133	524	408	61	129	28	0	21
2016	한화	0.365	144	652	529	94	193	39	0	23
2017	한화	0.340	94	407	356	51	121	22	0	17
2018	한화	0.315	73	271	254	25	80	11	0	10
2019	한화	0.305	127	500	433	47	132	21	0	6
2020	한화	0.219	67	254	219	14	48	11	0	2

세상은 넓고, 강자는 많다

루타	타점	도루	볼넷	사구	삼진	병살타	장타율	출루율	OPS	WAR
3557	1358	28	1141	108	1384	228	0.516	0.421	0.937	69.1
159	54	2	40	4	72	4	0.649	0.436	1.085	4.33
108	34	2	41	2	103	13	0.362	0.347	0.709	0.65
274	95	3	79	9	106	13	0.572	0.424	0.996	6.00
250	106	2	70	6	99	11	0.529	0.412	0.941	5.15
252	100	3	60	6	73	20	0.547	0.401	0.948	5.10
189	73	2	82	2	89	18	0.447	0.405	0.852	4.41
190	85	2	90	2	70	13	0.483	0.420	0.903	4.48
255	92	2	64	5	67	8	0.622	0.417	1.039	6.14
183	62	0	45	6	71	12	0.545	0.416	0.961	3.18
223	80	3	81	11	69	11	0.536	0.474	1.010	6.97
164	52	0	73	8	67	14	0.475	0.444	0.919	3.68
238	84	0	70	11	73	18	0.564	0.463	1.027	4.94
220	104	3	98	12	80	19	0.539	0.457	0.996	4.17
301	136	1	108	9	97	11	0.569	0.475	1.044	5.50
194	76	0	43	4	56	13	0.545	0.413	0.958	2.56
121	34	0	13	4	56	7	0.476	0.358	0.834	0.47
171	62	3	54	5	94	15	0.395	0.382	0.777	1.90
65	29	0	30	2	42	8	0.297	0.316	0.613	−0.53

세상은 넓고, 강자는 많다

스윙

○ ○

Swing

1 '나이키 곡선'이 가장 아름답다

2001년 프로 데뷔 시즌에 신인왕을 수상한 나는 이듬해 '2년차 징크스'에 빠졌다. 2003년부터 3년 동안 내내 3할을 여유롭게 넘기는 높은 타율을 기록했고, 홈런도 31개, 23개, 23개를 차례로 쳐냈다. 한화 이글스의 간판타자로 자리 잡고 있었다.

그러나 야구가 만만치 않다. 2006년 나는 주춤했다. 타율이 2할대 (0.291)로 떨어졌다. 홈런은 13개였다. 2006시즌이 끝난 뒤 깊은 고민에 빠졌다. 왜 이럴까? 뭘 어떻게 바꿔야 할까?

일단 기술 훈련의 기초인 티배팅 때부터 다시 시작했다. 티 위에 멈춰 있는 공을 빵빵 때리면 속이 시원하다. 재미도 있다. 그런데 이렇게 쉬운 티배팅을 하는 이유는 그게 아니라는 생각이 들었다. 빠르게 날아오고, 급격히 꺾이는 공을 쫓을 때 잊기 쉬운 '타격의 본질'을 생각하는 게 티배팅이 아니겠는가?

정지해 있는 공은 강하게 치기 쉽다. 세게 친다고 무조건 멀리 날아가는 건 아니다. 정확히 쳐야 한다. 그리고 타구에 회전을 줘야 한다. 투수가 패스트볼을 던질 때 강한 백스핀을 만드는 것과 원리다. 백스핀은 중력의 영향을 받는 공의 낙폭을 줄여준다. 공이 더 날아가게 만드는 것이다.

타구의 백스핀은 어떻게 생성될까. 일단 투구의 가운데를 때려 정타를 만들어야 한다. 방망이는 공과 점(點)에서 만나는 게 아니라, 공과 붙어 15㎝ 정도 앞으로 나가는 선(線)을 그린다. 이 과정에서 배트가 공 아랫부분을 파고들어야 한다.

글로는 설명하기가 정말 어렵지만, 백스핀을 잘 만들기 위해서는 배트를 잡은 두 손의 위치(톱 포지션)에서 콘택트 존까지의 거리가 짧아야 한다. 그리고 임팩트 후 폴로스루(follow through, 공을 때린 뒤 팔을 죽

'나이키 곡선'이 가장 아름답다

뻗는 마무리 동작)에서 배트가 위로 살짝 올라가야 한다. 이 스윙 궤적을
옆에서 보면 마치 나이키 로고와 같다.

배트의 회전력, 코킹이 중요하다

나는 '나이키 스윙'을 만들기 위해 고민했다. 그 첫걸음이 티배팅 때
공을 극단적으로 띄우려 했다. 히팅 포인트를 몸에 최대한 가깝게 두고
간결한 스윙으로 타격하면 강한 백스핀을 만들 수 있다. 이 스윙이 완성

■ 발사각을 높이기 위한 '어퍼컷 스윙'
투구 윗부분을 때려 땅볼이 나올 수 있다.
스윙이 간결하지 못하면 드라이브 타구가 된다

■ 투구 궤적을 따라가는 '윌리엄스 스윙'
콘택트 존이 넓다.
타구에 회전을 만들기 어렵다.

■ 백스핀을 극대화하는 '오치아이 스윙'
콘택트 존이 적당하다.
타구 발사각 상향과 회전력을 확보할 수 있다.

■ 지면과 평행한 궤적의 '레벨 스윙'
콘택트 존이 넓다.
타구에 회전을 만들기 용이하다.

'나이키 곡선'이 가장 아름답다

단계에 이르자 배트를 갖다 대기만 해도 공이 다 떴다.

여기서 중요한 게 손목을 돌리는 동작, 즉 '코킹(cocking)'이다. 손목을 꺾었다가 풀면서 힘을 만드는 움직임인데, 코킹 동작을 잘 만들어놓으면 간결한 스윙으로도 파워를 잘 전달할 수 있다.

내가 학창 시절만 해도 코킹을 하면 안 된다고 배웠다. 손목을 꺾으면 백스윙이 불필요하게 커진다는 이유에서였다. 코킹을 하지 말고 곧바로 치라고 했다. 그런데 이 경우 시속 150㎞의 스피드로 날아오는 투구의 힘을 방망이가 이겨내기 어렵다. 요즘 투수들의 강속구를 공략하려면 배트의 회전력을 충분히 활용해야 한다. 코킹을 해도 백스윙이 크지 않으면 간결한 스윙을 만들 수 있다.

코킹은 파워 포지션에서 만들어진다. 과거에는 타격의 정확성을 높이기 위해 배트를 뒤로 눕힌 채 준비하라고 했다. 그러면 공을 맞히기는 쉬우나, 빠른 공을 이겨낼 힘을 생성하기 어렵다. 강한 타구를 만들려는 타자들은 코킹을 통해 회전력을 확보한다. 여기에 나이키 스윙 궤적이 더해지면 더 좋은 타구를 만들 수 있다.

이건 선택의 문제다. 코킹을 많이 하지 않고 콘택트에 중점을 두겠다고 선택한 타자는 그렇게 하면 된다. 또 나이키 스윙의 메커니즘이 이해되지 않거나, 이해하더라도 실천하기 어려우면 굳이 하지 않아도 된다. 다시 강조하지만, 타격에는 정답이 없다.

어퍼컷 스윙이 정답일 순 없다

어떤 이는 이렇게 묻기도 한다.

"넌 힘이 좋으니까 간결한 스윙으로도 강한 타구를 만드는 거 아냐?"

나는 그 말에 동의하지 않는다. 물론 프로 투수들이 던지는 공을 받아치려면 힘이 필요하다. 그러나 엄청난 경쟁을 이겨내고 프로에 들어온 타자가 그 정도 파워가 없진 않다. 프로 선수라면 타고난 힘도 있고, 훈련으로 키운 근력도 있다.

내 히팅 포인트는 다른 타자보다 조금 뒤에 형성되는 편이다. 내 힘이 특별해서 타구를 끌고 나온 게 아니다. 톱 포지션에서 콘택트 존까지의 거리까지 배트가 짧게 내려오기 때문에 한 박자 늦은 것 같은 타구도 안타로 만들어낸 것이다.

결국 힘이 아니라 기술이다. 1990년대 이종범 선배가 힘으로 공을 때렸을까? 아니다. 체격이 작아도 이종범 선배는 빠르고 날카롭게 쳤다. 양준혁 선배도 '어퍼컷 스윙'은 하지 않았던 것 같다. 지면과 거의 평행한 레벨 스윙으로 정확성을 높였다. 그리고 임팩트 후 팔을 들어올리는 양준혁 선배의 '만세 타법'은 나이키 스윙의 메커니즘과 크게 다르지 않다.

2010년대 미국 메이저리그에서는 '플라이볼 혁명'이라는 말이 유행했다. 그라운드볼(땅볼)보다 플라이볼(뜬공)의 생산성이 더 높다는 건 세이버메트릭스(sabermetrics, 야구 통계학)를 통해 충분히 입증됐다.

날이 갈수록 그라운드 컨디션은 좋아지고 있다. 내야 수비력도 향상됐다. 빅데이터에 기반한 수비 시프트(defensive shift, 타구 방향을 분석해 수비수 위치를 조정)까지 발달하면서 땅볼을 때려봐야 안타가 될 확률이 낮아졌다. 땅볼의 가치가 하락하자 타자들은 공을 띄우려 노력했고, 그 변화에 이르는 과정이 혁명적이기까지 하다는 게 플라이볼 혁명의 요체다.

　이런 흐름에서 어퍼컷 스윙이 유행했다. 타구를 띄우려면 콘택트 존에서 스윙이 올라가야 한다는 것이다. "안타를 못 쳐도 뜬공을 날렸다면 만족한다"는 MLB 선수도 나왔다.

　그러나 올려친다고 해서 타구를 띄울 수 있을까? 플라이볼을 친다한들 그 타구에 힘이 있을까?

　2017년 이후로 MLB 선수들은 경쟁적으로 어퍼컷 스윙을 시도했다. 성공 사례도 있었지만, 실패한 경우도 꽤 많았다. 뛰어난 성과를 낸 선수라고 해도 그게 정말 어퍼컷 스윙 덕분인지 나는 알 수 없다.

　이런 트렌드는 유튜브 영상 등을 통해 KBO리그에도 상륙했다.

'나이키 곡선'이 가장 아름답다

2020년 전후로는 너도나도 어퍼컷 스윙을 얘기했다. 참 희한했다. 투수와 타자는 거의 그대로인데, 타격 이론이 이렇게까지 급변할 수 있는 것일까? 이론이 아니라면 유행이란 말일까?

이와 관련한 얘기를 MLB에서 뛰는 최지만 선수와 나눌 기회가 있었다. "MLB 타자들이 어퍼컷 스윙에 신경 쓰느냐"는 내 질문에 그는 "아니다. 어퍼컷 스윙으로는 시속 160㎞에 육박하는 패스트볼에 대응할 수 없다. MLB 타자들도 간결하고 정확한 임팩트에 집중한다. 그리고 타구에 백스핀을 걸기 유리한 스윙을 만들려고 한다"고 답했다.

내 기억에는 어퍼컷 스윙을 하는 타자 중 좋은 선수가 없다. 올려 쳐서는 절대로 좋은 타구를 만들 수 없다고 생각한다. 임팩트 후 올려 치려는 의도 때문에 배트가 공 위로 지나가면 톱스핀이 걸린다. 백스핀과 반대 개념인 톱스핀은 배트가 앞으로 밀고 나가면서 공의 윗부분에 회전을 만든다. 투수가 던지는 커브가 이런 원리로 떨어진다. 톱스핀이 걸리면, 마치 탁구의 드라이브처럼 공이 점점 가라앉는다. 땅볼이 될 가능성이 크다는 뜻이다.

테드 윌리엄스가 이상적이라고 말한 스윙은 억지스러운 어퍼컷이 아니다. 마운드 위에서 오버핸드 투수가 던져서 만들어지는 투구 각도만큼 약간(slight) 올려치는 거다. 콘택트 존(윌리엄스는 임팩트 존이라고 표현했다)이 넓어진다.

내 해답은 오치아이 스윙이다

그렇다면 '윌리엄스 스트로크'가 진리일까? 훌륭한 스윙인 건 틀림없

'나이키 곡선'이 가장 아름답다

지만, 과연 정답일까? 윌리엄스의 스윙 궤적은 이론적으로 뛰어나다. 다만 타구에 스핀을 걸기는 어렵다는 게 나의 생각이다. 윌리엄스의 스윙을 피칭에 비유하자면 무회전 볼 같다. 잘 맞은 타구는 배트와 15㎝ 이상 붙어 나간다. 이 구간 처음부터 끝까지 배트의 중심과 공의 중심이 붙어 있다면(마치 팜볼처럼) 잘 맞은 것 같은 타구도 외야로 날아가서는 추진력을 잃게 된다.

투수는 패스트볼을 릴리스 할 때 검지와 중지로 공을 꽉 눌러서 백스핀을 만든다. 타구도 그래야 한다. 그게 깎아 치기다. 배트로 공의 중심을 정확히 맞힌 뒤 밀고 나가는 과정에서 백스핀을 만드는 것이다. 배트가 공의 아랫부분을 감싸 안아 올리는 느낌이다. 공을 때린 뒤 팔을 쭉 뻗는 동작, 즉 폴로스루 과정에서 회전력을 만드는 거다.

이 스윙을 연구하는 과정에서 일본의 강타자 오치아이 히로미쓰의 유튜브 영상을 본 적이 있다. 그는 은퇴 후 타격 비밀을 소개하면서 "공의 아래를 파고들듯 때리라"고 말한다. 이 영상에서 본 오치아이의 페퍼 게임(pepper game, 가까이서 던진 공을 타자가 가볍게 치는 훈련) 장면은 일반적이지 않았다. 보통 타자들의 타구는 정면의 그물을 향하는 반면, 오치아이가 친 타구의 각도는 평균 45도를 넘을 만큼 높이 떠올랐다.

선수 시절 오치아이는 경쟁자들에 비해 체격이 작은 편이었다. 키가 177㎝로 그리 크지 않았고, 풀스윙도 하지 않았다. 툭 친 것 같은데 그의 타구는 쭉 뻗어 나갔다. 그는 일본 리그에서 홈런·타점·타율왕을 5번씩 수상했다. 오치아이의 타격 비결이 '깎아 올려치기'였다.

오치아이의 이론은 내가 찾은 답과 가장 가까웠다. 2007년부터 나는

'나이키 곡선'이 가장 아름답다

타구에 회전을 만들기 위해 노력했다. 티배팅 때부터 이를 의식했다. 임팩트 때 오른손 타자가 배트를 쥔 오른손을 '잡아주는' 느낌으로 공을 친다면 나이키 스윙을 만들 수 있다고 생각한다.

이 스윙을 만들기 난 위해 페퍼 게임을 할 때부터 노력했다. 지나치게 깎아 치는 바람에 타구가 백네트를 넘어 관중석에 떨어지기도 했다. 훈련 때 그렇게 극단적으로 깎아 쳐야 실전에서 유효한 타구 회전을 만들 수 있었다.

그러다가 오치아이의 영상을 보고 "내가 찾은 방법이 틀리지 않았구나"라며 안심했다. 무엇보다 나이키 스윙은 나와 맞는 타법이었다. 물론 그런 메커니즘을 만드는 게 쉽지는 않을 것이다. 영상에 나오는 젊은 선수들도 오치아이처럼 치려다가 헛스윙을 연발하기도 했다. 그러나 반복

'나이키 곡선'이 가장 아름답다

훈련을 통해 만들어 낼 수만 있다면, 나이키 스윙은 내가 아는 가장 완벽한 메커니즘이다.

앞서 언급한 대로 북일고 시절 내 스윙을 보고 "오치아이의 타격과 닮았다"고 말씀하신 분이 있었다. 당시에는 오치아이의 영상을 볼 수 없었기 때문에 그냥 그런가 보다 했다. 그러니까 난 애초에 백스핀을 만드는 스타일이었던 거다. 프로에 와서 슬럼프에 빠진 걸 계기로 나이키 스윙을 더 발전시켰다.

난 스윙을 더 날카롭게 다듬었다. 그럴수록 더 강하게, 더 멀리 칠 수 있었다. 2007년 다시 홈런 20개 이상을 때려내고, 2008년 홈런왕에 올랐던 비결도 내 스윙을 완성한 덕분이었다. 내 전성기가 시작된 거다. 2009년 경기 중 뇌진탕 부상을 입기 전에는 내 스윙은 나름대로 완성 단계였다. 그땐 타석에서 어떤 투수의 공이라도 다 쳐낼 것 같은 자신감이 있었다. 큰 부상을 당해 상승 흐름이 끊기지 않았다면, 내 전성기가 더 길었을 거라는 아쉬움이 있는 게 사실이다

'나이키 곡선'이 가장 아름답다

플라이볼 혁명(fly ball revolution)

타구의 발사 각도를 높여 뜬공을 만들자는 주장. 타구를 띄우기 위해 어퍼컷 스윙이 필요하다는 이론이다. MLB에서 유행한 이 현상은 한국과 일본 리그에도 금세 전파됐다. 뜬공의 생산성이 높은 이유는 수비 시프트가 발전하면서 땅볼을 쳐봐야 아웃될 가능성이 커졌기 때문이다. 그라운드 상태도 예전보다 좋아져 수비 실수를 기대하기 어려워졌다. 게다가 투수들이 투심 패스트볼, 체인지업 등 아래로 떨어지는 변화구를 많이 던지고 있어 타자의 스윙 궤적이 달라질 필요성이 대두됐다. 또한 구위가 강한 투수를 상대로 연속 안타를 기대하기 어렵기 때문에 타구를 띄워서 홈런을 노리는 전략이 효과적이라는 인식이 퍼졌다.

톱스핀(top spin)

공의 윗부분을 강하게 쳐서 타구의 진행 방향으로 만들어지는 회전. 타구가 가라앉고 바운드 되면 빠르게 튀어 나간다.
투구의 경우 커브가 이 회전에 의해 움직인다.

백스핀(back spin)

공의 아랫부분을 강하게 쳐서 생성되는 역회전.
타구가 뜨게 되고 공기저항을 뚫고 예상보다 더 멀리 비행한다.
투구의 경우 직구(패스트볼)가 이 회전으로 추진력을 얻는다.

2 인사이드 아웃 스윙으로 좌우공략

━━━━ 지금까지 설명한 건 타격의 기본이다. 이상론에 가깝다. 실제 타석에서는 좋은 공이 아니더라도 쳐야 할 상황이 있다. 내가 기다린 구종과 코스가 아니어도 대응해야 한다. 동료 타자들이 어떤지, 상대 투수는 어떤 전략을 쓰는지를 고려하며 타격 전략을 달리해야 한다.

주자가 득점권에 진루해 있다면, 투수는 도망갈 곳이 별로 없다. 이린 상황에서 투수는 스트라이크존을 넓게 활용하기 어렵다. 스트라이크를 꼭 잡아야 하는 상황에서는 투구가 가운데로 몰릴 가능성이 크다. 이럴 때 타자는 과감하게 쳐야 한다.

타순에 따른 전략도 다양하다. 보통의 경우 투수들은 4번 타자에게 유인구를 많이 던진다. 그러나 강력한 5번 타자가 뒤에 있다면 4번 타자에게 볼넷을 주기 부담스럽다. 이럴 때 투수는 4번 타자와 정면승부를 할 확률이 높다.

반대로 5번 또는 6번 타자가 강하지 않다면 투수는 4번 타자에게 좋은 공을 던질 리 없다. 이런 상황에서 4번 타자는 침착해야 한다. 자기가 해결하겠다는 의욕이 앞서 유인구를 쫓아다닌다면 결국 투수의 노림수에 당할 가능성이 크다.

타선에 따라 스윙이 달라야 한다

내 '원샷 원킬' 타격이 가장 날카로웠을 땐 한화 이글스 타선이 강했던 시절이다. 투수가 내 뒤에 있는 타자들을 의식하며 나와 승부한다면, 내 핫존에 들어온 공을 노리면 됐다. 좋은 공이 오지 않을 땐 볼넷을 얻는 것도 팀에 기여하는 거다. 내가 안타를 못 치더라도 다음 타자들이 득점 찬스를 살릴 거라고 믿었다. 실제로 그렇게 됐다.

팀 타선이 강할 때 나는 내 공만 기다렸다. '내가 정말 잘 칠 수 있는 공' 그거 하나만 생각했다. 스트라이크 존으로 날아오더라도 보더라인에 걸치는 공은 건드리지 않으려 했다. 이런 투구는 방망이에 잘 맞혀도 범타가 될 확률이 높다. 보더라인을 파고드는 공을 지켜보다 삼진을 당하더라도 (1루 주자가 있을 때) 병살타를 치는 것보단 팀 기여도가 높다고 생각했다.

타자가 덤비지 않으면 투수가 급해진다. 위기에 몰린 투수는 코너워크(corner work, 스트라이크 구석으로 투구하는 기술)를 잘하기 어렵다. 이때 타자는 심판의 스트라이크 존이 아닌, 자신이 설정한 존을 공략해야 한다. 그러면 좋은 타구를 만들 가능성이 커진다.

이런 타격이 안정화하자, 하루에 2루타 2개 또는 홈런 1개씩 때린 날

인사이드 아웃 스윙으로 좌우공략

이 꽤 많았다. '원샷 원킬' 스윙은 이런 타격을 만드는 바탕이었다.

반면 내가 일본 프로야구에서 복귀한 2012년 이후에는 팀 타선이 약했다. 이런 타선에서는 4번 타자인 내가 뭐라도 하는 경우가 많았다. 1점이라도 귀한 상황에서는 내가 좋아하는 코스의 공이 아니라도 인플레이 타구를 만들어야 한다. 이런 이유로 타자는 다양한 투구의 코스와 속도에 대응하는 스윙 메커니즘을 만들어야 한다.

스트라이크존을 가로와 세로로 삼등분하면 총 9개의 셀(cell)이 나온다. 더 세분화하면 지름 7.3㎝의 야구공이 스트라이크존에 (타자의 키에 따라 다르지만) 77개나 들어간다. 가운데로 날아오는 투구는 '원샷 원킬' 하기에 딱 좋다. 볼과 스트라이크를 구분하기 쉽고, 맞히면 장타가 될 확률이 높다.

문제는 스트라이크존 구석에 탄착하는 공이다. 어깨높이로 날아드는 공, 무릎 아래로 낮게 깔리는 공은 쳐내기 쉽지 않다. 몸쪽 공은 위협적이고, 바깥쪽 공은 멀어 보인다. 이런 투구에 대응할 때 가운데 공을 치는 스윙으로는 역부족이었다. 두 팔의 움직임과, 배트 궤적이 달라야 한다. 즉 배트 컨트롤(bat control, 타자가 방망이를 다루는 기술)이 좋아야 한다.

좌우, 높낮이가 다른 공을 하나의 스윙으로 공략할 수는 없다. 스트라이크존을 최소한 9개로 나눠서 달리 대응해야 한다. '9가지 스윙'이 필요한 이유다.

인사이드 아웃 스윙으로 좌우공략

부자연스럽기에 반복해야 한다

2006년 나는 커리어 최악의 슬럼프를 겪었다. 2007년 초반엔 타격 감이 좋았지만, 갈수록 성적이 떨어졌다. 결국 타율 0.290, 홈런 21개로 시즌을 마쳤다. 이 시기가 타격에 대해 가장 많이 고민했던 때였다. 전반기에 좋았던 스윙이 왜 망가졌을까? 낮은 변화구에 왜 많이 속았을까? 기복 없는 스윙을 만들기 위해서는 뭘 해야 할까?

내가 찾은 답은 인 앤드 아웃(in and out, 미국에서는 inside out이라는 용어를 더 많이 쓴다고 한다) 스윙이었다. 오른손 타자의 오른팔이 몸통에 붙어 나오다가 투구 궤적에 따라 바깥쪽으로 뻗는 게 인 앤드 아웃 스윙의 핵심이다.

힙턴 과정에서 두 팔꿈치는 상체와 최대한 붙어있어야 한다. 그래야 회전력을 보존했다가 임팩트 때 배트에 전달할 수 있다. 콘택트 존도 넓어진다.

인 앤드 아웃 스윙의 반대 개념이 흔히 말하는 도어 스윙이다. 문을 여닫는 동작처럼, 팔이 타자 몸으로부터 멀리 떨어져 큰 원을 그리면 곤란하다. 팔이 몸통에서 멀리 떨어진 이후에는 스윙이 갈 길이 정해져 있어서 투구 궤적을 따라가기 어렵기 때문이다. 아웃 투 인(out to in) 스윙을 하면 정확성이 떨어지는 데다 타구에 힘을 싣기도 어렵다.

사실 인 앤드 아웃 스윙의 중요성은 어릴 때부터 많이 들었다. 그걸 몰라서가 아니라 실행하기가 무척 어려웠다. 컨디션이 좋을 때는 잘 되다가, 어느 순간 스윙이 바뀌어 있었다. 아웃 투 인 스윙이 인체에 자연스러운 동작이어서 그렇게 되는 것 같았다. 그러나 아웃 투 인 스윙으로 만들

인사이드 아웃 스윙으로 좌우공략

2009년 WBC 유니폼 발표회 행사장 사진이다. 많은
카메라 앞에서 다른 선수들은 멋진 스윙을 보여준 반면,
내 폼은 영 어색했다. 인 앤드 아웃 스윙에 집착한 사진
촬영 때도 팔꿈치가 상체에서 떨어지지 않았던 것이다.
그걸 본 동료 선수들은 뒤에서 웃고 있었다.
하지만 내 표정은...아주 진지한 거다.

수 있는 히팅 포인트는 너무 작다.

인 앤드 아웃을 체화하기 위해 고민하고 또 고민했다. 그래서 선택한 훈련법이 극단적인 인 앤드 아웃 스윙이었다. 오른 팔꿈치를 오른 가슴에 딱 붙인 채 훈련했다. 그것도 모자라 왼 가슴까지 끌고 가려고 했다.

누가 봐도 부자연스러운 동작이었다. 이 스윙이 몸에 배니까 남들처럼 자연스럽게 스윙하지 못하는 지경에 이르렀다. 훈련 때 그렇게 극단적으로 인 앤드 아웃 스윙을 반복한 덕분에 경기에서 내가 원하는 궤적이 만들어졌다. 그러자 몸쪽 공과 바깥쪽 공에 대응하기가 좀더 수월해졌다.

내 기준으로 현재 메이저리그에서 가장 이상적인 성적을 내는 타자는 마이크 트라웃이다. 그의 타격은 정확한 데다 파워까지 있다. 무엇보다 꾸준하다. 그 비결은 스트라이크존 구석구석을 공략하는 스윙 궤적에 있다.

트라웃의 두 팔은 몸통과 최대한 가까이 붙어 있다. 이 자세에서 강한 힙턴으로 회전력을 만든다. 그다음 투구에 따라 스윙 궤적이 달라진다. 인사이드 피치에 대응할 땐 팔꿈치를 상체에 붙인 채 엉덩이를 돌린다. 아웃사이드 피치는 상체에 붙어 있던 두 팔을 쭉 뻗어서 후려친다.

트라웃의 자세를 보면, 파워 포지션에서 히팅 포인트까지의 거리가 매우 짧다. 이는 훌륭한 타자들의 공통점이다. 간결한 임팩트가 긴 폴로스루를 만든다. 그게 좋은 스윙 궤적이다. 스윙의 결이 좋아야, 즉 수평에 가까워야 정확성이 높아진다. 그래야 타이밍이 다소 늦거나 빠르더라도 공을 방망이 중심에 맞힐 확률이 커진다.

타격은 타이밍이다. 내가 예측한 것보다 공이 빨리 날아온다면, 팔꿈

인사이드 아웃 스윙으로 좌우공략

치를 붙인 상태로 허리를 휙 돌리는 데 집중하면 된다. 반대로 예상보다 공이 늦다면 어떨까? 공이 홈플레이트에 오기 전에 타자의 스윙이 돌아가기 시작할 것이다. 이런 경우 오른손 타자는 왼 무릎을 굽히면서 체중을 이동하고, 히팅 포인트를 앞으로 재설정한다. 그러면 오른발이 뒤따라 나온다. 이 상태에서도 허리는 무너지지 않고 회전축을 단단하게 유지한다. 이런 미세한 조정은 인 앤드 아웃 스윙을 만들어야 가능하다.

반면 도어 스윙은 출발할 때부터 목적지(히팅 포인트)가 거의 정해져 있다. 하체와 상체 움직임이 분리돼 힘을 모으기도 쉽지 않다. 아웃 투 인 동작은 일상생활에서 자연스럽지만, 타격에서는 비효율적이다. 인사이드 아웃 스윙은 인체에 부자연스러운 동작이기에 더더욱 체화할 필요가 있다.

인사이드 아웃 스윙으로 좌우공략

여기서 생기는 또 하나의 질문. 트라웃처럼 허리 회전을 중시하는 로테이셔널 히팅 시스템이 인 앤드 아웃 스윙의 필요충분조건일까? 그렇게 생각하기 쉽지만 그게 정답은 아니다.

스즈키 이치로는 트라웃과 다른 메커니즘을 가졌다. 그는 체중을 앞으로 이동하는 웨이트 시프트 시스템으로 타격했으나, 동시에 탁월한 인사이드 아웃 스윙을 구사했다.

일본 프로야구와 메이저리그에서 통산 4367안타를 때린 이치로의 타격 메커니즘을 타자들은 열심히 연구할 필요가 있다. 타격 장인(匠人)의 수련은 곧 인사이드 아웃 스윙을 만들어가는 여정이었다.

마이크 트라웃

Mike Trout, 1991년 8월 7일~

야구에 필요한 모든 기능을 갖추고 있다는 평을 받는 메이저리그 현역 최고의 타자. 2009년 MLB 드래프트에서 1라운드 전체 25순위로 로스앤젤레스 에인절스 지명을 받았다. 2012년 타율 0.326, 30홈런, 49도루를 기록하며 만장일치로 아메리칸리그(AL) 올해의 신인상을 수상했고, 2014년(타율 0.287, 홈런 36개), 2016년(타율 0.315, 홈런 29개), 2019년(타율 0.291, 홈런 45개) AL 최우수선수(MVP)에 올랐다. 지난 2019년 당시 MLB 역사상 최고액(12년 총액 4억 2650만 달러)에 계약한 바 있다.

스즈키 이치로

鈴木一朗, 1973년 10월 22일~

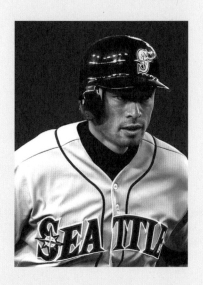

NBP 9년 통산 1278안타, MLB 18년 통산 3089안타를 때린 '안타 제조기'. 일본 오릭스 블루웨이브 시절인 7년 연속(1994~2000년) 퍼시픽리그 타율왕에 오른 뒤 MLB에 진출했다. 미국에서 보낸 첫 시즌 2001년 타율 0.350, 안타 242개, 도루 56개를 기록하며 각각 AL 1위에 올랐다. 이치로는 그해 신인왕과 MVP를 석권했다. 2004년 기록한 262안타는 MLB 역대 단일 시즌 최다 기록으로 남아있다. 그기 일본·미국에서 때린 안타 4367개는 MLB 최고 기록(피트 로즈 4256개)과 NPB 최고 기록(하리모토 이사오 3085개)을 모두 뛰어넘는다.

3 밀어치면 안 된다, 후려쳐라

이번에는 다시 좌·우 코스 공략에 대한 심화 과정이다.

내 몸으로부터 가까운 공(인사이드 피치)과 먼 공(아웃사이드 피치)을 공략하는 방법은 당연히 달라야 한다. 나는 스윙에서 '벽'을 만드는 게 중요하다고 여러 번 강조했다. 타자가 스윙을 하면 허리와 엉덩이를 회전하면서 어깨도 어차피 돌아가기 마련이다. 다만 허리보다 어깨가 먼저 회전하면 안 된다. 바깥쪽 공을 칠 때는 특히 그렇다. 몸쪽 공에 대응할 땐 어깨를 조금 빨리 열기는 해야 한다.

나는 '벽'에 특히 집착했다. 적이 침략할 때 성벽은 끝까지 닫혀 있어야 한다고 믿었다. 그래서 스트라이크라고 해도 몸쪽 공을 칠 생각은 거의 하지 않았다. 어릴 때부터 '몸쪽 공을 의식하는 순간, 이번 타석은 끝난 거다'라고 생각했다.

인사이드 피치에 대응하려면 어깨가 먼저 열리게 돼 있다. 난 그게 너무 싫었다. 어깨가 돌아가면 몸쪽으로 깊게 들어오는 볼에도 반응하게 됐다. 몸쪽 스트라이크를 치기도 어려운데 몸쪽 볼을 건드리는 것이다. 그 자세로 배트 중심에 공을 맞힌다 해도 파울이 될 가능성이 크다.

전성기 시절 "김태균은 몸쪽 공도 잘 친다"는 말을 들었다. 실제로 인코스 타율이 꽤 높은 적도 있었다. 그러나 그건 잘 대응한 것일 뿐, 잘 공략한 게 아니었다. 꼭 쳐야할 때 인사이드 피치가 날아오면, 난 허리 회전력을 이용해 받아쳤다. 힙턴을 이용해 공을 밀고 나간 것이지 내 힘을 완전히 실은 스윙은 아니었던 거다.

난 인사이드 피치보다는 아웃사이드 피치를 노렸다. 바깥쪽은 투수들이 가장 잘 던지는 코스다. 반면 타자 입장에서는 시야에서 먼 공이기 때문에 제대로 치기 어렵다.

바깥쪽 공은 오른손으로 후려친다

오른손 타자가 바깥쪽 공을 잘 치기 위한 핵심 요소는 오른손을 잘 써야 한다는 것이다. 두 손으로 배트를 잡지만 임팩트 때는 오른손에 힘을 '적당히' 줘야 한다는 의미다.

왜 오른손으로 쳐야하는지 우리는 이미 알고 있다. 스트라이크존 바깥쪽으로 휘거나 떨어지는 투구를 타자가 한손을 놓으며(오른손 타자의 경우 왼손으로만) 치는 장면을 여러 번 봤을 것이다. 타자로부터 공이 너무 멀어서 오른손을 배트에서 떼고 왼손만으로 콘택트 하는 동작이다. 공을 배트에 정확히 맞힌다고 해도 이런 타구는 대부분 힘없는 팝플라이(pop-fly)가 되거나 파울 존으로 휘어나간다. 타구에 힘이 실리지 않기

밀어치면 안 된다, 후려쳐라

때문이다.

바깥쪽 공을 파울로 만들지 않으려면 오른손의 힘을 써야 한다. 그래야 잘 맞은 타구가 페어 지역에 떨어진다.

다만 이걸 너무 의식해서 오른손에 힘을 꽉 주면 안 된다. 임팩트 때 오른손목이 돌아가기(손등이 하늘을 향하게 되기) 때문이다. 배트 중심에 맞혔다고 해도 타구에 드라이브가 걸려 땅볼이 되기 쉽다. 그래서 바깥쪽 공을 타격할 때 오른손 힘을 '적당히' 줘야 한다는 거다.

내가 아웃사이드 피치를 공략해 만든 홈런들은 이런 스윙에서 나왔다. 밀어 친다고 생각한 적은 없다. 바깥쪽 공도 당겨 친다거나, 후려치는

뉴욕 양키스 지안카를로 스탠튼의 극단적인 클로즈드 스탠스

밀어치면 안 된다, 후려쳐라

바깥쪽 공도 가운데 코스처럼 후려서 강한 타구를 만든다. 오른손에 힘이 들어가 있다. 힙턴이 시작됐지만 왼 어깨는 닫은 채 '벽'을 만들고 있다. 회전력을 타구에 잘 전달하는 비결이다.

느낌으로 타격했다.

메이저리그의 강타자 지안카를로 스탠튼의 타격을 보라. 오른손 타자인 그는 왼발을 1루쪽으로 향하는, 극단적인 클로즈드 스탠스로 선다. 바깥쪽 공을 노리는 자세다. 스탠튼은 오른쪽 담장 너머로 홈런을 자주 날린다. 그걸 보고 "잘 밀어 친다"고 얘기하는데, 내 눈에는 그렇게 보이지 않는다. 스탠튼은 바깥쪽 공도 잘 당겨 치는 거다.

물론 스탠튼의 키(198㎝)가 크고 팔도 기니까 이런 타격이 가능할 것이다. 앞에서 설명한 대로 최정 선수는 홈플레이트 쪽으로 전진, 바깥쪽 투구를 가운데 공처럼 당겨 치는 타격을 선택했다. 스탠튼의 경우는 조금 다르다. 그는 클로즈드 스탠스와 긴 리치를 이용해 바깥쪽 공을 가운데 공처럼 만든다. 그리고 밀지 않고 제대로 후려친다.

당겨 치기는 오른쪽 타자가 좌익수 쪽으로 타구를 보내는 것만을 의

밀어치면 안 된다, 후려쳐라

미하지 않는다. 그건 타격의 결과일 뿐이다. 당겨 친다는 말은 스윙 메커니즘을 충분히 설명하지 못한다. 오른손의 힘을 충분히 쓰는 타법이 풀히팅(pull hitting)이다. 스탠튼은 바깥쪽 공을 '당겨 쳐서' 우익수 쪽으로 보내는 기술이 탁월하다. 게다가 투구를 '깎아 치는' 테크닉도 뛰어난 타자다.

몸쪽 공은 왼손으로 리드하라

반대로 오른손 타자가 몸쪽 공을 칠 때는 왼손으로 배트를 끌고 나가야 한다. 인사이드 피치에 대응할 때 오른손 리드로 스윙하면 힙턴과 함께 방망이가 작은 궤적으로 돌기 쉽다. 이러면 임팩트에서 오른 손목을 덮게 돼 힘없는 땅볼을 굴릴 확률이 크다.

인사이드 피치가 날아오면 왼손을 이용해 방망이를 몸 바깥으로 재빨리 빼내야 한다. 이 과정에서 오른손은 배트를 살짝 놓는다. 왼손이 리드해 스윙 궤적이 앞으로(투수 쪽으로) 향하게 하면서 피칭의 궤적과 만나는 것이다. 그래야 어느 정도의 콘택트 존을 확보할 수 있다.

솔직히 말하면 내가 이런 스윙을 한 것은 서른 살 전후에나 가능했다. 즉 힘이 여전했고, 기술의 완성도가 높았을 때였다. 우선 바깥쪽 공을 노리고 들어갔다가 몸쪽으로 날아오면 순간적으로 두 팔꿈치를 몸통에 붙인 채 빠르게 회전했다. 허릿심을 이용해 시속 150㎞의 강속구에도 대응할 수 있었다.

그러나 나이를 먹고, 파워가 떨어지니까 인사이드 피치를 제대로 치기 어려웠다. 그럴 때는 공을 건드리지 않는 게 상책이다. 그 투구가 아니라도 다음 기회는 있기 때문이다.

물론 이렇게 스윙하는 게 말처럼 쉽지는 않다. 투수가 던진 공은 0.4초 만에 홈플레이트를 통과한다. 어떤 경우에도 완벽한 대응은 불가능하다. 연구와 훈련을 통해 대응력을 높이는 게 타자가 할 일이다.

내가 몸쪽 공을 가장 잘 때린 장면이 2009년 월드베이스볼클래식(WBC) 아시아라운드 1위 결정전에서 나왔다. 한국 대표팀 4번 타자였던 내가 일본 선발 투수 이와쿠마 히사시로부터 4회 좌익선상으로 적시타를 때려 1-0으로 이긴 경기였다. 일본 투수 중 최고의 테크니션을 상대로 그동안 축적한 내 타격 기술이 효과를 본 순간이었다.

결과적으로는 잘 때린 타구였지만, 과정을 보면 어려움이 꽤 있었다. 일단 배팅 타이밍이 조금 늦었다. 몸쪽 가운데 높이의 직구인 줄 알고 스

밀어치면 안 된다, 후려쳐라

윙을 시작했기 때문이다. 왼손에 힘을 더 주려는 찰나, 공이 몸쪽으로 휘어들어오면서 살짝 떨어졌다. 이와쿠마의 주 무기 슈트(투심 패스트볼)였다. 그때 볼카운트가 0볼-1스트라이크였다. 만약 이렇게 보더라인으로 파고드는 투구라는 걸 알았다면, 스윙하지 않는 게 나을 수도 있었다.

그러나 이미 배트는 돌기 시작했다. 스윙 궤적을 바꿔야 했다. 순간적으로 다시 오른손에 힘을 줬다. 몸쪽 낮은 투구를 양손의 힘을 이용해 배트를 앞으로 뻗었다. 인사이드 피치를 밀어 친 셈이다. 평소 몸쪽 공에 대응하듯이 왼손이 리드해서 치려고 했다면 타구에 힘이 실리지 않아 3루쪽 파울이 됐을 거다.

그건 변칙적인 타격이었다고 할 수 있다. 나중에 같은 투수가 같은 공을 던진다고 해도 같은 결과를 낸다는 보장이 없다. 그래도 꾸준히 연구하고 반복적으로 훈련한다면 세 타석 중 한 번은 좋은 타구를 날릴 수 있다. 변칙도 내 나름의 원칙 위에서 변주한 것이다. 다시 말하지만, 타격은 노답이다.

4 어퍼컷과 다운컷을 활용한 상하 공략

타자 혼자만의 힘으로 안타를 칠 수 있을까? 아니다. 타자가 할 수 있는 건 좋은 타구를 만드는 것까지다. 배트를 떠난 타구는 상대 수비력과 그라운드 상태, 그리고 운에 따라 페어볼-아웃으로 엇갈린다. 메이저리그가 BABIP(Batting Average on Balls In Play, 인플레이 타구의 안타 비율) 지표를 꽤 중요하게 보는 이유다.

그래도 타자는 최선을 다한 뒤 결과를 기다려야 한다. 좋은 타구를 만들기 위해서는 좋은 스윙이 필요하다. 물론 좋은 스윙을 해도 안타가 되지 않는 경우도 있다. 그건 받아들여야 한다. 그게 타격이다.

마음이 급해져서 나쁜 공을 건드리는 것이야 말로 타자가 피해야 할 일이다. 당장 그 타석의 결과가 좋지 않을 가능성이 큰 데다, 볼을 따라다니면 스윙이 망가지기 때문이다. 이게 반복되면 스트라이크존 가운데로 날아오는 공도 정확히 치지 못할 수도 있다.

타자는 자신에게 맞는 메커니즘을 완성하는 게 중요하다. 아울러 자신의 스윙이 왜 이렇게 변화했는지 그 과정까지 이해한다면 어느 날 밸런스가 흔들리더라도 빠르게 회복할 수 있다.

야구에서 흔히 일어나는 장면 하나를 떠올려 보자. 무사 주자 3루일 때 가장 쉬운 득점 방법은 뭘까? 타자가 희생 플라이를 날리는 것이다. 약간 빗맞더라도 타구를 띄워 외야로 보내면 타점을 올릴 수 있다.

그러나 그게 마음먹은 대로 되지 않는다. 이런 상황에서 외야 플라이를 때리는 장면보다, 내야 땅볼을 치는 경우가 내 기억에는 더 많다. 이 경우 내야수들이 정상 수비를 했다면, 3루 주자가 득점할 확률이 높다. 반대로 내야수들이 전진 수비를 했다면, 주자가 홈을 밟기 어렵다.

왜 이런 일이 생기는 걸까? 타구 발사각을 높이려고 타자가 어퍼컷 스윙을 하면 공의 윗부분을 때릴 가능성이 있기 때문이다. 이 과정에 대해서는 앞서 설명한 바 있다.

이건 타자의 의도와 다른 결과다. 땅볼로 타점을 올렸다고 그냥 넘어갈 게 아니라 왜 그랬는지 타자는 복기해야 한다. 왜일까? 타자가 막연히 생각하는 스윙 궤적이 실제 타격과 다르기 때문이다.

뜬공 치려다 땅볼 치는 이유

타자는 높은 공에 어떻게 대처해야 할까? 하이 피치는 다운컷, 즉 내려쳐야 한다고 흔히들 생각한다. 이런 이유로 "가뜩이나 높은 공을 어떻게 올려치느냐"고 묻는 것도 당연하다.

나는 그렇게 생각하지 않는다. 높은 공일수록 어퍼컷으로 쳐야 한다.

어퍼컷과 다운컷을 활용한 상하 공략

그 이유는 높은 공을 내리치려고 하면 (오른손 타자의 오른) 팔꿈치가 상체로부터 떨어지기 때문이다.

　반대로 높은 공이라도 올려치려고 하면 팔꿈치가 몸통에 붙은 채 이동한다. 그렇게 해야 내 몸에 만든 '벽(오른쪽 타자의 왼 어깨부터 골반까지)'이 무너지지 않는다. 벽이 탄탄해야 인 앤드 아웃 스윙이 가능해진다. 그래야 배트 컨트롤이 잘 된다.

　내 설명을 이해하기 위해 타자의 스윙 궤적을 떠올려 보라. 스윙은 타자 어깨 근처에서 내려갔다가 허리 근처에서 올라온다. U자 형태의 궤적이 너무 크면 곤란하다. 무리하게 투구를 들어 올리려다가 빗맞기 십상이다. 빠르게 내려갔다가 날카롭게, 살짝 올라오는 스윙 궤적을 만들어야

높은 공은 내려 쳐야 한다고 흔히들 말한다. 그러나 난 하이 볼을 공략하기 위해서는 배트를 빠르게 내렸다가 살짝 올라오는 스윙 궤적을 만들어야 한다고 생각한다. 이범호 선배가 이런 스윙을 잘했는데, 높은 공을 거의 놓치지 않고 장타로 만들었다. 낮은 공은 어퍼컷 스윙으로 쳐야 한다는 인식이 있다. 올려치는 것에만 신경 쓰면 자칫 공의 윗부분을 때려 땅볼이 되기 십상이다. 난 낮은 공에 대응할 때 다운컷을 하려고 노력했다. 그래야 투구 궤적과 배트가 만나는 콘택트 존이 넓어진다.

어퍼컷과 다운컷을 활용한 상하 공략

한다. 이범호 선배가 이 스윙을 정말 잘했다. 가슴 높이로 날아오는 공을 거의 놓치지 않았다.

반대로 낮은 공은 어떻게 쳐야 할까? 이 질문에 대부분의 타자들은 "어퍼컷 스윙으로 쳐야 공을 띄울 수 있다"고 답할 것이다. 나는 반대로 생각한다. 낮은 공일수록 다운컷으로 임팩트 해야 한다. 그다음에 공을 걷어 올려야 한다.

다시 말하지만 모든 스윙은 내려갔다가 올라온다. 그러니까 조금이라도 빨리 다운컷 궤적을 만드는 게 배트와 투구 궤적이 만나는 콘택트 존을 넓게 확보하는 길이다. 그렇지 않고 낮은 투구를 찍어 쳐야 한다고 의식한다면 공의 윗부분을 때릴 가능성이 크다. 그러면 땅볼이다.

타자의 무게중심을 살펴라

투구의 높낮이에 대응하는 방법은 또 있다. 타자의 준비 자세를 바꿔서 대처할 수도 있다.

『타격의 과학』에 따르면 테드 윌리엄스는 원래 상체를 꼿꼿이 세우고 방망이를 수직으로 든 채 스윙을 시작했다고 한다. 이런 폼으로 타격하면 플라이볼이 너무 많이 나왔다. 그래서 윌리엄스는 허리를 조금 숙였다고 한다. 그랬더니 스윙이 간결해지는 느낌을 받았고, 덕분에 타격 정확성이 높아졌다고 썼다.

이게 무슨 의미일까 한참 고민했다. 타자의 눈높이와 타자가 좋아하는 코스는 상관관계가 있다. 상체를 세우면, 즉 눈높이가 높으면 하이 볼이 잘 보인다. 반대로 허리를 숙여 무게 중심을 낮춘 타자라면 낮은 공에 잘 대응할 가능성이 크다.

초창기 윌리엄스처럼 허리를 곧게 편 자세에서는 높은 공이 잘 보였을 것이다. 그래서 높은 공에 방망이가 쉽게 나갔을 거라고 추측할 수 있다. 하이 볼에 잘못 대응하면 공의 밑 부분을 치게 된다. 그러면 타구는 힘없이 뜬다. 이런 스윙을 반복하면 (우타자의 오른쪽) 팔꿈치가 퍼져 나오기 십상이다. 앞서 설명한대로 인 앤드 아웃 스윙에 실패하는 것이다.

윌리엄스가 찾은 해법은 무게 중심을 낮추는 거였다. 그가 주로 노리는 코스가 스트라이크존 상단에서 중간으로 약간 내려온 것이다.

나도 프로 초창기 시절 상체를 세우는 편이었다. 당시 팀 타선이 강할 때여서 나는 내 존에 들어오는 공에만 대응하면 충분했다. 장타도 많이 칠 수 있었다.

그러나 내가 나이가 들고, 팀 타선이 약해진 시기에는 그럴 수 없었다. 정확한 타격이 더 필요했던 것이다. 내 무게 중심은 점점 낮아졌다. 무릎을 굽혔고, 허리도 약간 숙였다. 내가 낮은 공을 다운컷하는 느낌으로 타격하라고 말한 이유는 로우 피치에 대응할 준비를 하기 위해서였다.

또 자세를 낮추면 하이 패스트볼이 더 높아보였다. 내 자세와 스윙으로는 높은 공을 건드려봐야 강한 타구를 만들 확률이 떨어진다는 걸 알았다. 그래서 난 아예 하이 볼에 스윙하지 않으려고 노력했다. 성공률이 떨어지는 승부를 굳이 할 필요가 없다. 이범호 선배와 정반대 스타일이었던 거다.

여기서 놓치지 말아야 할 것이 또 있다. 방망이로 공 중심을 정확하게 때린다고 해서 좋은 타구가 나오지 않는다는 걸 명심해야 한다. 정타

어퍼컷과 다운컷을 활용한 상하 공략

란 점이 아니라 선의 개념이라고 나는 생각한다.

임팩트 직전까지의 스윙 궤적과 스피드가 중요하다. 공을 때리는 포인트도 정확해야 한다. 그리고 배트가 투구 힘에 밀리지 않고 전진하면서 살짝 올려쳐야 한다. 이 프로세스가 잘 이뤄져야 진짜 정타가 된다. 이를 위해서는 타자의 중심 이동과 허리 회전 등 여러 요소들이 작용한다. 내가 원하는 공을 완벽하게 때리는 '원샷 원킬'의 스윙 위에서 코스별 타격이 이뤄지는 것이다.

지금까지 설명한 내용이 잘 전달됐는지 모르겠다. 이해하기 어려웠다면, 내 표현이 부족한 탓이다. 또 하나 덧붙이고 싶은 말이 있다. 스트라이크존 좌우로 빠지는 투구는 타자가 스윙을 달리며 어느 정도 대응할 수 있다. 인 앤드 아웃 스윙을 잘 만들어놨다면 성공률이 더 높을 것이다. 높은 공과 낮은 공은 타자가 대처하기 더 어렵다. 높낮이를 눈으로 식별하기 쉽지 않은데다, 공을 맞히기도 까다롭기 때문이다. 포크볼 등 떨어지는 변화구를 잘 던지는 투수라면 더 그렇다.

배트 컨트롤은 타자에게 그래서 중요하다. 스트라이크존 상하좌우로 날아드는 투구에 대응하려면 방망이를 효과적으로 제어해야 한다. 이 챕터에서 다룬 타격 기술의 핵심이 배트 컨트롤이다.

5 어려워도, 두려워도 극복해야 하는 공

앞서 설명한 대로 타격의 '벽'을 세워도 인사이드 피치를 공략하는 건 쉽지 않다. 게다가 몸쪽 깊이 박히는 빠른 공이라면 타자가 대응하기 정말 어렵다.

패스트볼은 0.4초 만에 홈플레이트를 통과한다. 공이 어느 코스를 향하든 그 시간은 같겠지만, 타자는 다르게 느낀다. 내 경험으로는 바깥쪽 공이 0.4초 만에 날아온다면, 몸쪽 공은 그 절반인 0.2초 만에 지나가는 느낌이다. 아마도 타자 눈에 가까워서, 사구에 대한 공포감이 생겨서 그런 것 같다.

정확하게 던진 인사이드 피치가 위력적인 이유는 이 때문이다. 타자들의 핫 앤드 콜드존을 보면 몸쪽 공 타율이 3할 이상인 경우는 거의 없다. 강타자라고 하더라도 마찬가지다.

누우면 히팅 포인트를 바꿀 수 있다?

그래도 타자는 어떻게든 인사이드 피치를 받아쳐야 한다. 몸쪽 공 타율이 2할5푼이라도 되어야 한다. 또 가끔 장타도 나와야 한다. 타자가 몸쪽 공에 속수무책이라면 투수는 그 코스로만 공을 던질 것이다.

몸쪽 공은 타자에게 가장 어려운 코스다. 이론적으로 몇 가지 해법이 있다. 가장 쉬운 게 타자가 뒤로, 그러니까 홈플레이트와 반대 방향으로 물러나는 것이다. 이런 경우 스트라이크존 바깥쪽이 타자로부터 너무 멀어진다. 아웃사이드 피치 공략을 사실상 포기하는 셈이다.

두 번째는 오픈 스탠스다. 오른손 타자의 경우 앞발(왼발)을 유격수나 3루수 방향으로 향하게(몸 중심에서 뒤로 빼는) 하는 것이다. 이렇게 하면 타석에서 물러나는 것과 비슷한 효과를 얻을 수 있다.

오픈 스탠스를 한다고 해도 뒷발(오른발)은 홈플레이트로부터 멀리 떨어져 있진 않다. 두 다리가 모두 뒤로 빠지는 것보다는 낫지만, 오픈 스탠스로는 바깥쪽으로 날아오는 공이 타자에게 불편한 건 사실이다.

극단적인 오픈 스탠스는 타격 코치들이 좋아하지 않는다. 마찬가지로 극단적인 클로즈드 스탠스도 정석은 아니다. 이는 타자가 앞발을 닫아 2루수 쪽을 향하게 하는 자세다. 이 스탠스로는 바깥쪽 공 대처가 수월해지지만, 몸쪽 공 대응이 어려울 수밖에 없다.

타자가 앞발을 투수 방향으로 뻗어야 몸쪽과 바깥쪽을 다 공략할 수 있다. 또 체중 이동을 통한 추진력을 극대화하기에도 유리하다. 바로 스퀘어 스탠스다. 테드 윌리엄스는 『타격의 과학』을 통해 "조 디마지오, 스탠 뮤지얼 등 내가 30년 동안 보아온 좋은 타자들의 90%는 공을 향해

어려워도, 두려워도 극복해야 하는 공

똑바로 다리를 뻗었다. 그들의 스트라이드는 투수(투구 궤적)로부터 절대 10도 이상 벗어나지 않았다"고 했다.

나도 윌리엄스의 말에 대체로 동의한다. 아니, 정확하게 말하면 스탠스를 그리 중요하기 생각하지 않는다. 앞서 설명한 지안카를로 스탠튼처럼 오픈 스탠스로도 바깥쪽 공을 잘 치는 타자도 있다. 자기 스타일대로 타격하면 된다.

가운데 공을 치듯이 몸쪽 공을 때리면 정타를 만들기 쉽지 않다. 배트의 스위트 스폿(sweet spot, 배트에서 공을 치기 가장 좋은 부분)이 아닌 손잡이 부위에 맞기 십상이다. 이런 경우 배트가 부러질 수 있고, 손에 큰 충격이 전달돼 다음 타격에 지장을 주기도 한다. 나는 몸쪽 공을 치기 위해 힙턴을 이용했다. 두 팔꿈치를 상체에 최대한 붙인 채 몸을 회전하는 것이다.

인사이드 피치를 공략할 때 배팅 타이밍이 늦는 경우가 많다. 그럴 때 순간적으로 허리를 뒤로 젖히며 스윙했다. 상체가 뒤로 가면, 늦은 히팅 포인트를 조금이나마 만회할 수 있다. 배꼽 근처에서 형성될 히팅 포인트가 앞발 근처로 전진하는 것이다.

타자가 상체를 젖히면 힙턴의 회전축이 달라지는 효과도 있다. 보통의 경우 타자 허리의 회전축은 지면과 수평인 0도에 가깝다. 몸쪽 빠른 공(특히 높은 코스)을 공략할 때 순간적으로 오른 다리를 굽히고 허리를 젖히면 몸통의 회전축이 20~30도가 된다. 이렇게 되면 콘택트 존이 좁아지는 어려움이 있다. 대신 임팩트가 정확하다면 레벨 스윙을 해도 타구를 자연스럽게 띄우는 효과를 얻는다.

박병호 선수가 히어로즈 시절 홈런을 많이 때렸을 때 종종 볼 수 있었던 장면. 몸쪽 빠른 공에 배팅 타이밍이 늦으면, 그는 순간적으로 상체를 뒤로 젖혔다. 이런 스윙은 공과 배트가 만나는 콘택트 존이 좁아진다. 대신 한 박자 늦은 타이밍을 만회할 수 있는 장점이 있다. 또 허리 회전축이 지면과 20~30도를 이루며 자연스럽게 타구 발사각이 올라가는 효과도 있다. 박병호 선수의 노력과 파워를 알 수 있는 타법이다.

똑바로 섰더라면 배꼽 근처였을 히팅 포인트가 상체를 젖힌 덕분에 앞발 근처로 이동하게 된다.

난 2012년 전후로 그런 타격을 했다. 그걸 보고 박병호 선수가 "어떻게 하면 그 스윙을 할 수 있느냐"고 여러 번 물어봤다. 난 나름대로 열심히 설명해줬다. 이후 박병호 선수는 자기에게 맞는 스윙을 발전시켰다.

박병호 선수는 전성기 시절 나보다 허리를 더 많이 젖혔다. 때로는 거의 뒤로 누워서 치는 것 같은 느낌까지 들었다. 박병호 선수가 시즌 50홈런 이상을 때린 2014~2015년 그런 스윙이 특히 많이 나왔다. 나보다 더 좋은 슬러거가 된 것이다. 박병호 선수는 타격에 대해 고민하고, 필요하면 적극적으로 묻는 자세가 남달랐다. 게다가 자신에게 맞게 응용도 잘해냈다. 최근에는 노시환 선수도 이런 타격을 자주 보여준다.

공포가 다가오면 은퇴도 가까워진다

몸쪽 공 타격은 고급 기술이다. 내 스윙도 처음부터 목표 지점이 있었던 건 아니다. 수많은 시행착오 끝에 만든 스윙이다. 이 타격에는 테크닉도 중요하지만 순발력이 따라줘야 한다.

내가 30대 중반 나이가 되자 그런 스윙을 더는 하기가 어려워졌다. 순발력이 떨어졌기 때문이다. 또 다른 이유는 체력 저하다. 몸을 뒤로 젖히며 방망이를 돌리려면 엄청난 허릿심이 필요하다. 젊을 땐 파워가 있어 가능했지만, 나중에는 그게 안 됐다. 예전 같으면 홈런이 될 타구가 외야수에게 잡혔다.

인사이드 피치 공략이 내 약점이 됐을 때, 그리고 내가 몸쪽 공을 의식했을 때 은퇴가 가까워졌다는 것을 체감할 수 있었다. 인사이드 피치에 자신감이 없어지는 거다. 무서워지는 거다.

어려워도, 두려워도 극복해야 하는 공

2017년 8월 11일 삼성 라이온즈와의 대전경기였다. 나는 2회 투런 홈런을 때렸다. 스윙이 끝나는 순간 옆구리(복사근)에 통증을 느꼈다. 더그아웃으로 돌아와 내 상태를 말했더니 트레이너는 "경기에서 빠져야 한다"고 말했다. 그러나 난 "아니야. 살살 쳐 볼게요"라며 5회 두 번째 타석에 들어섰다. 결국 스윙하다가 근육이 더 크게 찢어졌다.

처음 통증을 느꼈을 때 교체됐다면 부상이 악화하지 않았을 거다. 그러나 괜히 무리했다가 일이 더 커졌다. 재활 치료 후 복귀까지 41일이나 걸렸다. 게다가 부상 전까지 타격감이 상당히 좋았다. 지금 생각해 보면 참 미련한 짓이었다.

복귀 후에도 부상에 대한 트라우마가 남았다. 옆구리 근육이 한 번 찢어지니까 심리적으로 위축됐다. 난 힙턴을 강하게 하는 스타일인데 그러다 또 다칠 것 같았다. 조금만 피곤해도 옆구리가 아픈 느낌이 들었다. 그러자 내가 오랫동안 만들어온 타격 폼이 조금씩 무너졌다.

부상 다음 시즌부터도 2년 동안 타율 3할을 기록하긴 했다. 그러나 내 스윙은 이미 무뎌지는 중이었다. 홈런이 2018년 10개, 2019년 6개로 줄었다. 몸쪽 공에 대처할 몸도, 스윙도 아니었던 거다. 결국 난 은퇴를 결정했다.

스퀘어 스탠스(square stance)

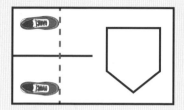

두 다리를 투수 쪽으로 향한다. 대부분의 타자들이 취하는 자세.

오픈 스탠스(open stance)

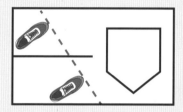

두 다리를 3루 쪽으로 향한다. 몸쪽 공을 타격하기에 유리하다.

클로즈드 스탠스(closed stance)

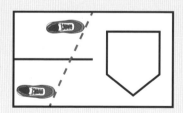

두 다리를 1루 쪽으로 향한다. 바깥쪽 공을 공략하기에 좋다.

6 효과적인 콘택트 존 만들기

타자의 스윙은 어디서 시작해서 어디서 끝나는가? 참 답하기 어려운 질문이다. 파워 포지션에서 임팩트까지 잘 왔다면 타자로서 임무는 사실 거의 끝난 것이다.

이로써 타격이 완료된 건 아니다. 방망이는 임팩트 후에도, 공이 발사된 후에도 앞으로 뻗어간다. 이 과정이 폴로스루다. 시간상으로 보면 폴로스루는 임팩트 이후의 동작이다. 타자가 의식적으로 이 동작을 수정할 수도 없고, 그럴 필요도 없다.

그럼에도 불구하고 폴로스루는 연구대상이다. 그걸 만드는 과정이 타격에서 큰 비중을 차지하기 때문이다. 임팩트 후 배트와 공은 15㎝ 이상 붙어서 이동한다. 즉 폴로스루도 스윙 궤적에 포함된다. 그래서 중요하다.

문대느냐, 때리느냐

선수들은 타자들의 유형을 크게 두 가지로 분류한다. '문대는 타자'와 '때리는 타자'다. 문댄다는 어감이 썩 좋지 않다. 과거 감독님이나 코치님들은 이 단어를 대개 부정적인 뉘앙스로 썼다. '제대로 때리지 못한다'는 뜻을 담았다.

내 생각은 다르다. 잘 문댄다는 건 콘택트 존이 넓다는 의미다. 구종과 코스를 가리지 않고 어느 투구든 배트에 맞히는 걸 선수들은 문댄다고 표현한다. 앞서 설명한 인 앤드 아웃 스윙도 배트를 타자 몸에서 바깥으로 밀어내는 메커니즘이기 때문에 문대는 것처럼 보인다.

20대 나이에 KBO리그 최고의 타자가 된 이정후 선수가 고타율을 유지하는 비결 중 하나가 바로 '문대는 타격'이다. 그는 파워 포지션에서 임팩트까지의 거리를 짧게 만드는 능력이 탁월하다. 그리고 어떤 투구에도 대응할 수 있는 스윙 궤적을 만든다. 자기가 예측한 것보다 공이 조금 늦거나 빠르게 날아와도 어떻게든 배트에 갖다 댄다.

이정후 선수는 히팅 포인트를 최대한 많이 확보한다. 타이밍이 다소 늦더라도 스윙 궤적이 어느새 피칭 궤적과 만난다. 반대로 타이밍이 빠른 경우에는 (왼손 타자의) 오른손을 앞으로 길게 뻗어내며 스윙의 결을 부드럽게 만든다.

요약하면 '짧게 나와서 길게 내뻗는' 느낌이다. 콘택트 존이 넓다는 뜻이다. 이런 스윙은 공과 배트가 만나는 구간이 길어 정확성이 높다. 다만 히팅 포인트가 많으면 힘을 모았다가 폭발하긴 어렵기 때문에 파워가 분산되는 약점이 있다.

효과적인 콘택트 존 만들기

이정후 선수는 2023년 부상을 당했다. 부상으로 온전히 치르지 못한 이 시즌을 제외하고, 그의 홈런은 6개(2019시즌) → 15개(2020시즌) → 23개(2022시즌)로 꾸준히 증가했다. 그의 두 팔은 정확성을 높이는 데 여전히 최적화돼 있다. 여기에 허리와 엉덩이 회전력을 키워 장타력까지 향상했다. 두 가지를 다 잘하기 쉽지 않은데 이정후 선수는 정말 뛰어난 재능을 가졌다. 또 그걸 이뤄내기 위해 엄청나게 노력했다고 들었다. 덕분에 이정후 선수는 2023시즌을 마친 뒤 샌프란시스코 자이언츠와 계약하며 MLB에 진출하겠다는 꿈을 이뤘다.

이런 유형의 타자 중에는 2014~2015년 KBO리그에서 뛴 외국인 선수 야마이코 나바로도 있었다. 두 시즌 동안 79홈런을 터뜨린 그는 정말 '세게 문대는' 타자였다. 엄청난 근력과 탄력으로 만든 에너지를 긴 스윙 궤적에 실어 보내는 모습이 인상적이었다. 파워가 자신 있었기 때문에 나바로는 콘택트 존을 넓히려고 시도한 것 같다.

'문대는 타격'과 반대되는 개념이 '때리는 타격'이다. 임팩트 순간 손목을 활용해서 강한 타구를 만드는 것이다. 선수 시절 내 스윙이 여기에 속했다.

'때리는 타격'은 앞서 설명한 '나이키 스윙'과 관계가 있다. 타구에 스핀을 주려면 공을 문대기만 해서는 어렵다. 임팩트 순간 (오른손 타자는 오른쪽) 손목 힘을 활용해야 타구에 회전을 만들 수 있다. 이승엽 선배가 선수 시절 임팩트 때 손목을 정말 잘 썼다. 이런 타격은 넓은 콘택트 존을 만드는 데 불리하다. 대신 손목을 비트는 힘이 작용하는 구간에서 맞히면 타구에 더 많은 힘을 실을 수 있다.

효과적인 콘택트 존 만들기

(위) 2022년 플레이오프 1차전에서 이정후 선수가 2루타를 쳐내는 순간. 임팩트 후에도 두 손목의 각도가 변하지 않고 앞으로 전진 중이다. 타이밍이 다소 늦거나 빨라도 공을 맞힐 수 있는 '문대는 타격'의 전형이다.
(아래) 2008년 베이징 올림픽 일본과의 준결승전에서 대표팀 4번타자 이승엽 선배가 8회 말 역전 투런 홈런을 날리는 순간. 임팩트 때 왼 손목을 비틀어 타구에 강한 백스핀을 줬다. '때리는 타격' 덕분에 예상보다 비거리가 길어졌다.

    과거 어떤 코치님들은 "빨래를 짜듯 손목을 많이 써라", "오른손목이 하늘을 향하도록 덮어라"고 말씀하셨다. 이 방법은 스핀을 만드는 데 유용하다. 그러나 손목 힘을 너무 많이 쓰면, 손목을 비트는 순간에 힘이 집

효과적인 콘택트 존 만들기

중돼 콘택트 존이 좁아지는 문제가 있다.

난 '때리는 타격'을 했지만, 손목을 많이 쓴 편이 아니었다. 자연스러운 스윙 궤적을 만들다가 임팩트 순간 오른손으로 배트를 '잡아주는' 느낌으로 힘을 주었다. 말처럼 쉬운 게 아니지만, 반복훈련으로 내 스윙을 만들었다.

한 손이냐, 두 손이냐

찰리 로와 테드 윌리엄스는 폴로스루에 대한 견해도 다르다. 로는 '한 손 스윙'을 강조했다. 배트를 두 손으로 꽉 잡고 휘두를 때의 회전 반경을 생각해 보자. 타자의 팔과 배트가 원의 반지름을 이룰 것이다. 로는 이 회전을 크게 만드는 게 좋다고 주장했다.

로는 임팩트 후 (오른손 타자의) 오른손을 방망이에서 떼라고 조언했다. 그러면 배트를 왼팔이 쭉 펴지면서 스윙의 회전 반경이 커진다. 이런 스윙은 궤적을 평평하게 하는 데 도움이 된다. 히팅 포인트를 더 많이 만들 수 있다.

이런 타격은 스윙 스피드도 더 빠르다고 로는 주장했다. 또 타구에 백스핀을 만들어 비거리를 늘릴 수 있다고도 했다. 로의 설명만 들으면 '한 손 스윙'이 정답 같다.

윌리엄스는 다르게 말했다. 임팩트 구간에서 두 손을 감으라고 (rolling, 오른손 타자의 오른손을 비틀라고) 했다. 윌리엄스는 '양손 스윙'을 강조한 것이다.

사실 난 이 문제에 대해서는 별로 고민하지 않았다. 한 손을 놓느냐,

효과적인 콘택트 존 만들기

두 손으로 치느냐는 선택은 상황에 따라 달리해야 하기 때문이다.

나는 기본적으로 임팩트할 때 양손을 다 썼다. 배트를 오른손으로 '잡아 준다'는 느낌으로 '깎아 올려치기'를 했다. 그래야 하체로부터 만든 추진력·회전력을 양손으로 전달하고, 그 에너지를 배트에 충분히 실을 수 있기 때문이다.

피칭과 스윙의 타이밍이 딱 맞아떨어질 때는 '양손 스윙'이 이상적인 것 같다. 그러나 타이밍이 항상 잘 맞을 순 없다. 내가 생각한 것보다 스윙 타이밍이 빨랐을 때, 예를 들면 패스트볼이 아니라 변화구가 날아올 땐 달리 대응해야 한다. 이미 스윙을 시작했는데 공이 내가 생각한 것보다 앞에 있다면 한 손(오른손 타자의 오른손)을 놔야 한다. 배트를 던지듯 앞으로 쭉 밀어내야 스윙 궤적이 커져 앞에 있는 공을 맞힐 수 있다. 물론 이 경우 타구에 힘이 충분히 실리진 않을 것이다.

가끔 좋은 타이밍으로 타격할 때도 한 손을 놓는 경우가 있다. 스윙의 가속도를 높이기 위해서 그럴 때 그렇다. 그러나 이 스윙을 잘 보면, 임팩트가 이미 끝난 상태다. 힘이 충분히 실린 상태에서는 한 손을 놓아도 상관없다. 발레를 해도 괜찮다.

하체로부터 만든 에너지를 타구에 전달하는 게 무엇보다 중요하다. '한 손 스윙'을 지나치게 강조하느라 공을 배트에 맞히기도 전에 손을 떼라고 말하는 이들도 있다. 그렇게 치면 강한 타구를 절대 만들 수 없다. 공을 배트 중심에 맞혀도 투구의 힘을 이겨내지 못해 (오른손 타자라면 1루 쪽) 파울이 된다.

그렇다면 '한 손 스윙'은 틀린 이론일까? 아니다. 스트라이크존 몸쪽

효과적인 콘택트 존 만들기

으로 꽉 찬 공을 때릴 때 양손을 다 쓰면 스윙 궤적이 작아져 (오른손 타자라면 3루쪽) 파울이 될 가능성이 크다. 인사이드 피치에 대응할 때는 임팩트 구간에서 한 손을 놓고 허리를 강하게 돌려야 한다. 양손의 힘을 충분히 이용하지 못하더라도 한 손의 힘만으로 강한 인플레이 타구를 만들 수 있다. 타이밍이 완벽하다면 홈런도 칠 수 있다.

2009년 월드베이스볼클래식(WBC) 아시아라운드 1위 결정전을 또다시 떠올려 보자. 당시 난 4회 볼카운트 0볼-1스트라이크에서 일본 선발투수 이와쿠마 히사시가 던진 몸쪽 공을 받아쳐 좌익선상 적시타를 때려냈다. 대표팀을 1-0 승리로 이끈, 내 야구 인생 최고의 타구였다.

바로 직전까지는 쉽지 않았다. 이 안타에 앞서 내가 친 공은 3루 쪽 파울이었다. 몸쪽을 파고든 이 공을 '양손 스윙'으로 타격했는데 방망이의 회전 반경이 크지 않았다. 그 궤적으로 아무리 정확히 맞혀도 3루 쪽 파울이 될 수밖에 없었다. 두 번째 공은 초구보다 낮고 깊게 날아왔다. 1구째보다 더 어려운 코스였는데 스윙 궤적을 바꿔 대응했다. 손목을 쓰지 않고 배트를 앞으로 밀어낸 덕분이었다. 내게는 그 어느 홈런보다 값진 안타였다.

효과적인 콘택트 존 만들기

야구는 재능인가, 노력인가

이정후 선수의 타격을 보면 감탄이 나올 때가 많다. 그러면서 뒤따르는 생각.

'아버지로부터 야구 재능을 물려받았으니 그럴 거야.'

그건 틀린 말이 아니다. 이정후 선수는 '야구 천재'로 불렸던 이종범 선배의 아들이다. 야구 선수로서 최고의 유전자를 이어받았을 것이다.

그러나 낭연히 재능이 전부일 리는 없다. 유전자가 곧 실력이라면 야구인 2세, 3세 선수들이 KBO리그를 정복하고 있을 것이다. 그렇다고 노력이 전부일 리도 없다. 아무리 이를 악물어도 1군 무대에 오르지 못한 선수들이 많다.

내 생각에, 야구 선수는 70%의 재능과 30%의 노력으로 만들어진다. 이정후 선수는 타고난 재능과 엄청난 노력을 더해 100%에 가까운 선수가 됐을 것이다.

야구는 재능인가, 노력인가

내 선천적인 재능은 70점 만점에 50점 정도인 것 같았다. 일단 지구력이 뛰어나지 않았다. 주루와 수비 능력도 평균 이하였다. 50점의 대부분은 타격 능력이었다. 여기에 노력 점수 30점을 더해야 80점이 된다

재능의 한계가 명확하다면 해결책은 하나다. 더 고민하고, 땀 흘리는 거다. 나는 단점을 보완하겠다고 장점을 포기하진 않았다. 타격을 더 잘하기 위해 노력했다.

천재가 노력파를 이기는 경우는 꽤 있다. 하지만 아무리 뛰어난 소질을 가졌다고 해도 좋은 성적을 몇 년 동안 꾸준히 유지하는 건 훈련 없이 불가능하다. 그래서 노력해야 한다. 어쩌면 노력이 자신조차 몰랐던 재능을 찾아줄 수도 있다.

마무리 동작

○ ○ ○ ○ ○

Follow through

1 타자는 공을 보고 치지 않는다

흔히들 '공 보고 공 치기'라는 말을 많이 한다. 타석에 서면 복잡한 생각을 멈추고, 눈에 보이는 공을 방망이 중심에 맞히는 것에만 집중하라는 의미다. 얼마나 간명한 표현인가.

나도 '공 보고 공 치기'를 하고 싶었다. 그게 가능하다면 타격은 별로 어렵지 않을 것이다. 누군가는 가능할지 몰라도, 적어도 나는 아니었다.

투수가 던지는 공은 타자에게 점으로 보인다. 잠시 후 또 다른 점으로 보인다. 이게 몇 번 반복되면 공은 어느새 포수 미트 안으로 들어가 있다. 투구가 선으로 보인다면, 스윙 궤적과 만나게 하기 수월할 거다. 그게 아니어서 타격이 어려운 거다.

그러니까, 타자는 공을 보고 치지 않는다. 무슨 궤변이냐고 할지 모르겠다. 공이 투수의 손을 떠난 이후에는 타자가 시각을 통해 얻을 수 있는 정보는 매우 제한적이다. 점(공)을 보고 투구 궤적을 예측해야 한다.

타이밍을 잡고, 스윙을 시작하고, 수정해야 한다.

이 모든 과정은 0.4초 안에 이뤄진다. 그러니 공을 보고 칠 수 없다는 거다. 타격하기 전에 자신의 스윙을 갖춰야 하고, 공이 보이면 본능적으로 대응해야 한다. 그건 확고한 자기 타격이 있어야 가능하다. 타격을 완성하는 건 치열한 연구와 훈련의 결과다.

스윙은 빠르고 짧아야 한다

내가 일본 프로야구(NPB) 롯데 마린스에서 뛰었던 2010년 6월 '아베 신노스케가 김태균의 타격폼을 본보기로 삼았다'는 내용의 기사가 났다. 아베는 "김태균의 방망이가 부드럽게, 이상적으로 나왔다. 그를 보고 나도 몸 앞에 둔 배트를 (왼손 타자의) 왼 어깨에 짊어지는 자세로 바꿨다"고 했다.

일본 타자들은 대개 방망이를 얼굴 가까이에 둔다. 투수가 공을 던지면 배트를 뒤로 빼는 백스윙을 했다가, 다시 앞으로 나가는 메커니즘을 가지고 있다. 아베도 그런 폼을 가지고 있었던 모양이다.

그들 눈에는 내 파워 포지션이 특이하게 보였나 보다. 백스윙을 하지 않기 때문이다. 나는 배트를 든 양손을 오른 어깨까지 미리 당겨놓고 스윙을 시작했다. 그렇게 하면 상체 움직임을 줄여 정확성을 높일 수 있었다.

물론 배트가 뒤로 갔다가(힘을 모았다가) 앞으로 다시 나온다고 해서 스윙이 지체되는 건 아니다. 투수의 동작에 따라 타자도 리듬을 탄다. 투수가 공을 던지는 순간, 타자도 힘을 최대한 쓸 수 있는 자세(파워 포지

션)를 만들 수 있다.

다만 난 백스윙 때 양손과 어깨에 불필요한 힘이 들어간다고 느꼈다. 그래서 스윙이 무뎌진다고 판단해 테이크백을 하지 않은 것이다. 총에 비유하면 미리 장전한 채 격발했다. 군동작을 없애 파워 포지션에서 임팩트까지의 거리를 단축했다. 그리고 힙턴으로 만든 회전력을 타구에 실으려고 노력했다. 힘이 넘치던 서른 살 즈음에 알맞은 폼이었다.

물론 이건 나의 방법일 뿐 정답은 아니다. 다만 타자가 이런 선택지도 갖고 있으면 좋다. 선수는 누구나 슬럼프에 빠진다. 컨디션과 체력이 매일 달라진다. 그럴 때 폼을 조금씩 수정하며 '단기 처방'을 해야 한다.

난 선수 시절 레그킥을 거의 하지 않았고, 토탭(toe-tap, 앞발을 지면에 가볍게 튕기면서 하는 스윙)을 활용했다. 하체 쓰는 방법이 고정된 게 아니라 상황에 따라 폼을 조금씩 바꿨다. 한 가지 폼으로 한 시즌을 버틸 수 없기 때문이다.

일본 투수들은 빠르고 정확한 공을 던졌다. 특히 내 약점인 하이 패스트볼을 잘 구사했다. 그런데도 내가 일본 리그에서 버텼던 건 빠르고 간결한 스윙 덕분이라고 생각한다.

아베는 스윙을 시작하기 전, 준비 자세만 보고 내 타격을 파악했다. 그러니까 스윙을 하기도 전에 승부는 어느 정도 결정됐다고 해도 과언이 아니다. 투수 손을 떠난 공의 솔기가 타자에게 보일 때가 있다. 그걸 보고 공의 회전(구종)을 예측하고, 대응하는 게 타자의 몫이다. 훈련한 대로 몸이 움직일 뿐이다.

타격은 '0.4초의 예술'이다. 또 '0.4초의 과학'이다. 이 어려운 일을 해

내려면 한 살이라도 젊을 때 자신의 스윙을 완성해야 한다. 그래야 전성기가 길어진다. 나이 먹는다고 스윙이 크게 변하는 건 아니다. 다만 순발력이 떨어져서 예전처럼 치지 못하는 거다. 타이밍이 늦었다고 한 박자 빨리 스윙하면 변화구에 속기 쉽다.

스트레스는 타자의 친구다

타자의 스윙은 금세 끝난다. 그렇다고 야구가 짧은 건 아니다. 한 경기 플레이 타임이 평균 3시간을 넘는다. 거의 매일, 6개월 이상 시즌을 치른다.

대신 인플레이 시간은 길지 않다. 야구 경기에서 양 팀 선수들이 던지고, 때리고, 달리는 시간을 다 더해도 30분 정도일 거다. 이런 야구의 특성을 선수는 잘 이해해야 한다. 야구 경기의 대부분은 '생각하는 시간', '준비하는 시간'이다. 이 시간을 잘 보내야 한다.

특히 성공률(타율) 3할이 목표인 타자는 7할의 실패를 받아들일 줄 알아야 한다. 나는 꽤 예민한 성격이다. 팬들에게 늘 응원만 받은 것도 아니었다. 어린 시절 야구가 잘 안 되면 슬럼프에 빠지기도 했다. 그럴 때 코치님이나 선배님들이 "너 요새 왜 그래? 슬럼프야?"라고 물으면 심리적으로 더 흔들렸다.

아무리 좋은 타자라도 연속해서 10타수 무안타 정도를 기록하는 건 1년에 몇 번씩 겪는 일이다. 슬럼프에 빠진 거라면 누구보다 선수 자신이 잘 안다. 주위에서 슬럼프라는 말을 꺼내면 선수의 고민을 더해줄 뿐이다. 슬럼프에 빠졌다는 기사라도 나오면 무안타 기록이 더 늘어날 수 있다. 모른 척하는 게 도와주는 거다.

타격은 기본적으로 '7할의 실패'를 전제하는 기술이다. 게다가 사이클이 있다. 몇 타석에서 안타를 치지 못했다고 스트레스를 받는다면 한 시즌을 견디기 정말 어렵다. '내가 못 쳤다'가 아니라 '투수가 잘 던졌다'라면서 넘어갈 줄도 알아야 한다. 스트레스는 프로 선수의 친구다. 그냥 같이 가는 거다.

여러 경험이 쌓이면서 난 스트레스와 공생하는 법을 알게 됐다. 타자는 볼로 판단한 공이 스트라이크를 판정을 받으면 예민하게 반응하기 마련이다. 내 타격이 어느 정도 완성된 후에는 심판 판정으로부터 꽤 자유로워졌다. 볼일 수도, 스트라이크일 수도 있는 공은 어차피 내가 노리는 게 아니기 때문이다. 이 공을 못 쳐도, 다음 공을 칠 수 있다는 자신감이 있었다. 그 패기는 역시 반복 훈련을 통해 만들어졌다.

자, 이제 타석에 들어선다. 피로와 부상이 없는 몸으로 걸어간다. 타자의 스윙은 어느 공에도 대처할 수 있도록 단련돼 있다. 이 타석에서 못 치면? 다음에 잘 치면 된다는 배짱도 가졌다. 그걸로 이미 3할은 이긴 것이다.

선구안 기르는 법

선구안은 스트라이크와 볼을 구분하는 타자의 능력이다. 선수 시절 선구안이 좋다는 평가를 들었던 내가 '타자는 공을 보고 치지 않는다'고 말하는 건 의외라고 생각할 수 있다. 이 말은 투수의 손을 떠나 0.4초 만에 스트라이크존을 통과하는 공을 '정확히 보고 타격하기' 어렵다는 뜻이다.

타자는 보통 피치 터널(pitch tunnel, 투수가 공을 던진 순간부터 타자가 구종을 판단할 때까지의 구간. 시간으로 치면 0.2초 정도)을 통과한 공을 보고 판단한다.

타자가 0.1초, 아니 0.05초라도 투구를 빨리 파악한다면 어떨까? 투수를 이길 확률이 크게 높아질 것이다. 그러니 공을 잘 보겠다는 노력을 포기해선 안 된다.

앞서 설명한 대로 난 투구 궤적을 파악하는 나름의 노하우가 있었다.

헬멧을 눌러쓴 채 챙 위로 날아오는 공에는 반응하지 않는 것이다. 시야를 최대한 좁혀놓고 보이는 공만 치려고 했다. 이런 방법을 나만 쓰는 것 같지는 않다. KBO리그에서 몇몇 타자들이 고개를 숙이고 헬멧 챙을 활용하는 게 보인다.

또 하나는 투수의 릴리스 포인트를 연구하는 것이다. 한때 난 투수가 공을 놓는 순간, 구종을 어느 정도 파악할 수 있었다. 직구는 릴리스 후 곧바로 타자를 향해 날아오는 느낌이었다. 슬라이더는 투수 손에서 빠져나온 공이 옆으로 나오는 거로 보였다. 커브는 투수가 던질 때부터 위로 솟는 것 같았다.

공이 날아오기 전에 구종을 구분할 수 있다면 타자는 3할이 아니라 4할, 5할 타율도 해낼 수 있다. 내가 4할 타율에 도전했던 2012년에 투구 궤적이 잘 보였다. 내 타격 밸런스가 안정돼 있고, 투수의 폼을 잘 파악하고 있을 때 그가 가능했다.

언젠가 장성호 선배와 이에 대해 대화한 적이 있었다. 장 선배도 전성기에는 투수의 릴리스 포인트 순간 구종이 보였다고 하더라. 그렇다면 다른 타자도 도전해 볼만하지 않은가?

물론 컨디션이 아무리 좋아도 투수의 공이 다 보이는 건 아니었다. 포크볼처럼 떨어지는 공은 직구와 구분하기 어려웠다. 게다가 A급 투수의 릴리스 포인트가 일정하다. 또 같은 스윙 궤적으로 여러 구종을 구사한다. 던지기 전부터 타자를 속이는 것이다. 이런 투수의 공은 정말 안 보인다.

선구안 기르는 법

2 투수에게 타자를 묻다

경기 중 타자가 배터스 박스에서 잠시 이탈하는 경우가 있다. 투수와의 타이밍 싸움에서 밀려서이기도 하고, 팽팽한 승부에서 벗어나 잠시 한숨을 돌리려는 이유도 있다.

타격 이야기는 거의 막바지에 왔다. 끝내기 전에 잠시 숨을 고르고 다른 시각에서 돌아볼 기회를 만들었다. 타자는 자기 스윙만 생각해서는 안 되기 때문이다. 투수의 타이밍도 알아야 한다. 그런 의미에서 2020년 까지 한화 이글스에서 투수로 활약했던 송창식 빅드림 베이스볼 아카데미 대표를 만나 이야기를 나눴다. 지금까지와는 조금 시각으로 타자와 투수의 승부를 볼 필요가 있기 때문이다. 이 인터뷰는 이 책의 정리를 도와준 김식 기자도 함께했다.

타이밍은 스피드를 압도한다

김태균 | 투수에게 어떤 타자가 가장 까다로울까?

송창식 | 내 경우에는 결정구라고 던진 공에 속지 않는 타자, 선구안이 좋은 타자, 잘 던진 공을 커트해 내는 타자, 삼진 비율이 적은 타자가 상대하기 어려웠다. 구체적으로 말하면 김선빈 선수(KIA 타이거즈)가 정말 까다로웠다. 콘택트가 워낙 좋은 데다, 내가 던지는 모든 구종에 타이밍을 잘 맞췄다. 김선빈 선수의 키가 크지 않기 때문에 스트라이크존이 좁아지는(상단이 낮은) 어려움도 있었다.

김태균 | 김선빈 선수의 벽(오른손 타자의 왼 어깨부터 골반까지)이 잘 만들어져 있기 때문일 거다. 인 앤드 아웃 스윙의 완성도가 높다. 그래서 변화구에 속을 확률도 낮다. 콘택트에 최적의 폼을 가지고 있다. KBO리그에서 우측으로 타구를 가장 보내는 타자다.

김식 | 김선빈 선수가 뛰어난 타자이기도 하지만 투수와 상대성도 작용한 게 아닐까?

송창식 | 그런 거 같다. 내가 12실점을 한 경기(2016년 4월 14일 두산 베이스전에서 4⅓이닝 12실점 10자책점)가 있다. 그날 두산의 모든 타자들이 내 공을 잘 쳤다(홈런 4개 포함 안타 9개와 볼넷 2개). 그런데 두산 외

투수에게 타자를 묻다

국인 타자 닉 에반스는 못 치더라. 평소에도 나한테 약했던 타자였는데, 내가 가장 부진한 날에도 내 공을 공략하지 못하더라. 투타의 상대성이 분명 있는 거 같다.

김태균 | 송창식은 디셉션(deception · 투수가 공을 뒤에 숨겼다가 던지는 동작)이 뛰어났다. 팔 스윙도 간결했다. 게다가 제구도 좋았다. 난 타격하기 전 루틴 동작이 긴 편이어서(준비할 시간이 짧으니) 너 같은 투수가 까다로웠다.

김식 | 다시 김선빈 선수 얘기로 돌아가서, 그렇게 '벽'을 잘 만들고, 인 앤드 아웃 스윙을 잘한다면 타율 3할이 아니라 4할도 쳐야 하지 않나?

김태균 | 그래서 타격이 어렵다는 거다. 김선빈 선수는 체격이 작은 약점을 기술로 극복한 거다. 아무리 좋은 스윙을 가지고 있다고 해도 한 시즌 내내 최적의 스윙과 컨디션을 유지하기는 어렵다. 또 잘 맞은 타구가 잡히기도 하지 않나. 김선빈 선수가 타율 3할을 기록하는 건 정말 대단한 거다.

송창식 | 와, 해설위원이라 역시 말하는 게 다르네.

김태균 | 말만? 얼굴도 다르지.

김식 | 김태균 위원이 선수 시절 상대 에이스에게 강했다. 그러나 상대적으로 약한 투수도 있었을 텐데.

송창식 | KIA 박준표 선수한테 약하지 않았어?

김태균 | 응. 박준표 투수의 구위가 좋다고 생각해. 커브도 좋지. 슬라이드 스텝을 할 때 왼다리를 한 번 털어주는 것 같은 동작이 내 시야를 흐트러뜨렸지. 투구 폼이 와일드해서 내가 타이밍 잡기 어려웠다.

김태균과 상대한다면 몸쪽 공

김식 | 둘이 한화에서 함께 뛸 때 청백전에서 맞대결한 적이 있었나?

송창식 | 2004년이었나? 스프링캠프에 처음 가서 청백전을 했다. 김태균 선배한테 홈런을 맞았다.

김태균 | 그때 한 번만 맞았나?(웃음) 이후에는 송창식 선수도 주축 투수였기 때문에 청백전에서 전력을 다해 대결할 일은 없었다. 신인 시절 송창식 선수는 구위도 좋았고, 배짱도 두둑했다. 풍채를 보면, 메이저리그 뉴욕 양키스에서 뛰었던 일본인 투수 이라부 히데키와 비슷해서 압도적이었다.(웃음) 시간이 흐르면서 구위보다 제구와 수싸움으로 경기를 풀어

투수에게 타자를 묻다

가는 유형으로 바뀌었다.

김식 | 10년 전으로 돌아가서 맞대결한다면 둘은 서로를 어떻게 상대할 건가?

송창식 | 김태균 선배는 선구안이 좋고, 콘택트도 뛰어나다. 게다가 홈플레이트 쪽으로 바짝 다가와 치는 타자다. 그래서 바깥쪽으로 아무리 좋은 공을 던져도 배트에 걸린다. 결국 몸쪽 공을 던져야 한다. 공에 대한 두려움을 느끼게 만들고 나서 그다음 승부를 해야 한다.

김태균 | 음. 10년 전 김태균이라면 몸쪽으로 아무리 던져도 대처했을 거다. 누가 던져도 날 이길 수 없을 것이다.(웃음) 얘기를 들어보니 송창식 선수가 참 나를 잘 파악했다는 생각이 든다. 나는 홈플레이트 쪽으로 전진했지만, 속으로는 공을 무서워했다. 그걸 송창식 선수가 영리하게 이용했을 것 같다. 그런 승부라면 내가 짜증을 냈을 것이다. 아주 까다로운 승부가 되지 않았을까?

김식 | 김태균 위원이나 최정 선수처럼 홈플레이트에 가깝게 붙는 타자가 몸쪽 공에도 잘 대응한다면?

송창식 | 그래서 최정(SSG 랜더스) 선수를 상대하기 까다로웠다. 바깥쪽 공은 당겨치고, 몸쪽 코스도 잘 대처하니까. 몸쪽 공을 던지다 장타를 맞

기 십상이다. 그러면 도루를 잘하는 선수가 아니니 타이트한 상황에서는 무리하게 승부할 필요가 없다.

김태균 | 그래서 내가 한 경기에서 볼넷 6개를 얻은 적(2013년 4월 28일 인천 SK 와이번스전 · 7타석 1타수 1안타)이 있다. 야구는 확률 게임이다. 상황에 따른 전략이 매우 다양하다. 굳이 투수가 확률 낮은 승부를 할 필요는 없다. 타자 입장에서도 투수가 정면승부를 하지 않는데, 나쁜 공을 쫓아갈 필요가 없다. 야구는 혼자 하는 게 아니다. 최정 선수 앞뒤로 강한 타자들이 많아서 SSG가 2022년 우승을 할 수 있었다.

힘보다 정확성 · 타이밍

김식 | 타자 김태균과 투수 송창식, 두 선수 다 '스피드보다 타이밍이 중요하다'고 했다.

송창식 | 투수의 구위가 정말 특출하지 않다면 스트라이크존 가운데로 오는 공은 타자가 다 칠 수 있다고 생각한다. 대신 시속 140km 안팎의 공으로도 타자의 타이밍을 빼앗을 수 있다면 투수가 충분히 이길 수 있다. 또 투수도 혼자 싸우는 게 아니다. 야수도 활용해야 한다. 요즘에는 수비 시프트를 많이 하지 않나. 오른손 타자 바깥쪽으로 공을 던지면 90% 이상 우익수 쪽 타구를 유도할 수 있다. 수비 시프트가 성공하려면 일단 투수

의 제구가 필요하다.

김태균 | 얘기를 나눠보니 송창식 선수가 정말 영리하게 피칭했다는 생각이 든다. 투수들은 자신의 공에만 집중하는 경향이 있다. 그래도 타자가 훈련과 분석을 통해 잘 준비하면 칠 수 있다. 타자가 못 치는 공을 던지는게 중요하다. 예를 들면 직구와 슬라이더를 잘 던지려는 투수는 느린 커브를 던지지 않으려 한다. 자기가 잘 던지는 구종에 집중한다. 타자 입장에서 난 투수들에게 못 던지는 공도 던져보라고 얘기한다. 정확하게 날아가지 않더라도 타자의 시야를 흔들고, 타이밍을 빼앗을 수 있다. 타자가 타석에서 단순하게 생각하도록 두면 안 된다.

김식 | 김태균 위원은 '힘보다 정확성이다'라는 말도 했다.

김태균 | 타자의 파워가 아무리 좋아도 빗맞으면 큰 타구를 만들 수 없다. 배트의 스위트 스폿에 맞아야 공이 멀리 간다. 프로야구에 올 정도 선수라면 체격이 작아도 홈런을 칠 수 있다. 무작정 힘으로 돌리는 스윙보다 정확하게 맞히는 방법을 고민해야 한다. 힘보다 정확성이고, 타이밍이 중요하다.

벤치로 돌아와서

Dugout

1 훈련은 훈련처럼, 실전은 실전처럼

야구 시즌은 6개월 이상이다. 선수들은 이 기간 거의 매일 승부를 벌인다. 시즌이 끝나고 11월 한 달 동안 마무리 훈련을 한다. 정규 시즌에 쌓인 피로를 회복하고, 기술적인 문제를 보완하는 시기다. 이듬해 2월에는 전지훈련을 치른다. 따뜻한 곳에서 몸을 만들어 새 시즌을 준비하는 거다. 사실 2월 스프링캠프 출발과 함께 경쟁, 아니 전쟁이 시작한다. 내가 20대 초중반 나이에 캠프에서 자주 들었던 말이 있다.

"너 놀러 왔어? 왜 그렇게 대충 치는 거야?"

내가 혼자서 배트를 휘두를 때 선배님이나 코치님이 했던 말이다. 흔히 프리배팅이라 부르는 배팅 프랙티스(batting practice)를 할 때도 마찬가지였다. 그분들이 왜 그랬는지 나도 안다. 내가 이상한 자세로 스윙하는 거 같고, 공을 살살 때리는 거 같기 때문이다. 그분들 생각이 틀렸다는 게 아니다. 난 나의 훈련법을 고민하고, 적용했다. 좋은 타격을 하겠다는 목표는 같았으나 방법이 달랐을 뿐이다.

시즌이 끝나고 12월부터 이듬해 1월까지 선수들은 보통 휴식과 웨이트 트레이닝을 병행한다. 이 기간 반드시 빼먹지 말아야 할 것이 있다. 바로 스프링캠프에서 수행할 과제를 생각하는 거다. 이번 캠프 목표는 무엇인지, 그걸 위해 뭘 해야 할지 정해야 한다. 그래야 훈련 효율이 높아질 수 있다.

선수 시절 훈련할 때 나는 빈 스윙(실제로 공을 치지 않고 방망이를 허공에 휘둘러보는 동작)을 천천히 했다. 론치 포지션에서 방망이를 살살 내리면서 오른 팔꿈치를 오른쪽 옆구리에 딱 붙였다. 그리고는 오른 팔꿈치를 앞(오른쪽 가슴)으로 밀어냈다. 동시에 하체를 움직인 뒤 배트를 휙 돌렸다. 위에서 보면 배트의 움직임이 V자에 가깝다.

이 동작이 이상해 보인 모양이다. 위에서 이 동작을 내려다보면 어떨까? 팔꿈치가 내 상체로부터 떨어져 있다가(파워포지션) 몸에 바짝 붙었다가(히팅) 다시 앞으로 나가는(폴로스루) 과정이 V와 비슷하다. 즉, 인 앤드 아웃 스윙이다.

장난치는 거로 보였던 이 동작은 나름대로 인 앤드 아웃 스윙을 만드는 과정이었다. 이런 동작을 매일 수백 번 반복했다. 그래서 나더러 남들처럼 빈 스윙을 해보라고 하면 제대로 하지 못한다. 인 앤드 아웃 스윙이 습관처럼 굳어버렸기 때문이다.

스물네 살이던 2006년, 난 최악의 슬럼프를 겪었다. 2007년 초반엔 타격감이 좋았다가 갈수록 성적이 떨어졌다. 정말 고민했다. 숱한 시행착오 끝에 내린 결론은 '슬럼프에 빠졌을 때는 예외 없이 인 앤드 아웃 스윙

훈련은 훈련처럼, 실전은 실전처럼

이 망가져 있다'는 것이다.

방망이를 자연스럽게 휘둘러보자. 배트 무게를 따라 두 팔이 몸통으로부터 멀리 떨어질 것이다. 이 상태에서는 방망이가 더 움직일 공간이 정해져 있다. 배트의 회전 반경이 작아졌기 때문이다. 앞서 설명했지만, 이런 도어 스윙은 정확성이 떨어지는 데다 타구에 힘을 싣기도 어렵다.

반대로 인 앤드 아웃 스윙은 타자가 행하기에 부자연스럽다. 그러나 현란하게 변하는 투구를 따라가기에 최적의 스윙 궤적이다. 힙턴할 때까지 팔꿈치를 상체에 붙여놓고 공의 궤적을 따라가다 밀거나 당겨 칠 수 있기 때문이다.

문제를 발견했으니 해법을 찾아야 했다. 결국 반복 훈련 말고는 답이 없었다. 그래서 만든 게 V자 스윙이었다. 배트를 오른쪽 옆구리로 확 당겼다가 앞으로 쭉 내미는 동작을 하루에도 수백 번은 해봤다.

여기서 질문 하나. 실전에서도 V자 스윙이 가능할까? 아니다. 투수의 손을 떠나 0.4초 만에 홈플레이트를 통과하는 패스트볼을 타격하는 배트 궤적이 그렇게 크게 바뀌기는 불가능하다. 완만하게 U자를 그려도 충분할 거나.

다만 훈련 땐 뭐든지 극단적이어야 한다고 나는 생각했다. 그래야 실전에서 자연스러운 인 앤드 아웃 스윙이 이뤄진다고 믿었다. 남들이 장난으로 본 그 동작을 하느라 난 땀을 뻘뻘 흘렸다.

내가 또 오해를 샀던 동작 중 하나가 있다. 배팅 프랙티스 때도 대충 친다는 거다.

아마 그렇게 보였을 거다. 캠프에서 방망이를 처음 잡으면 난 공을 툭 쳤다. 힘없이 굴러간 땅볼은 1루 근처에 멈췄다. 그렇게 툭툭, 몇 개를 더 쳤다. 그러다 보면 1루 근처에 내가 굴린 공이 꽤 많이 모여 있었다.

그다음은 2루수 쪽이다. 그다음 유격수 쪽이다. 다른 타자들이 신 나서, 또 온힘을 다해 장타를 펑펑 치는 것과 비교하면 내가 훈련하는 장면은 장난처럼 보였을 수 있다.

나는 그렇게 생각하지 않았다. 훈련에서 중요한 건 '강한 타구'를 만드는 게 아니라 '좋은 자세'를 잡는 것이다. 배팅 프랙티스에서는 시속 120~130㎞의 공이 때리기 좋게 온다. 실전에서는 140~150㎞의 강속구가 무섭게 날아온다. 훈련 때 홈런을 뻥뻥 쳤던 스윙 그대로 투수와 맞서 보라. 똑같은 타구를 날릴 확률은 제로(0)에 가깝다. 그래서 난 후배들에게 기회가 될 때마다 말한다.

"훈련은 훈련처럼, 실전은 실전처럼 해라."

진부한 표현처럼 보일 수도 있지만, 매우 중요하다. 절대 힘을 빼고 설렁설렁하라는 게 아니다. 실전에서 잘할 수 있는 준비를 하라는 거다. 난 그래서 인 앤드 아웃 스윙을 극단적으로 반복했다.

또 배팅 프랙티스 때 나는 '벽'을 단단히 만들기 위해 1루쪽으로, 2루쪽으로 툭툭 밀어 친 거다. '벽'이 세워진 뒤엔 힙턴을 이용해 당겨치기도 했다. 타구를 왼쪽에서 오른쪽으로, 내야에서 외야로 보내면서 내 스윙 밸런스를 점검한 거다. 훈련 때 뻥뻥 쳐서 좋은 밸런스를 만들 수 있다면 그것도 좋다.

주변으로부터 오해와 야유를 받으면서 내 타격을 만들어갔다. 고맙게도 내 훈련법을 존중해준 지도자들도 있었다. 2008년에는 어느 정도 폼이 완성된 것 같았다. 성적도 잘 나왔다. 프로 입단 7년만, 나이로는 스물여섯 살 때였다. 당시 난 상당히 빨리 타격을 정립했다고 생각했다. 그러나 요즘 이정후 선수, 강백호 선수 등을 보면 더 어린 나이에도 전성기에 이를 수 있는 것 같다.

내가 냉정히 돌아보는 나의 전성기는 2017년까지였다. 나이로는 서른다섯 살이었다. 기술이 완성 단계에 이르렀고, 힘과 스피드가 모자라지 않은 기간이 2008년부터 2017년, 딱 10년이었던 거다. 2018년 이후 내 커리어에는 아쉬움이 남는다. 체력이 예전 같지 않은데 그걸 만회하겠다고 더 훈련 강도를 높였다. 그래서 힘이 부쳤다. 소속 팀 사정도 좋지 못해서, 내 체력을 안배해줄 여력이 없었다. 그때로 되돌아간다면, 난 체력 향상을 위한 트레이닝(training)보다 체력 유지를 위한 컨디셔닝(conditioning)에 더 집중할 것이다. 그랬다면 30대 후반에 기량 하락을 늦출 수 있었을지 모른다.

2021년 5월 18일 은퇴식을 치르고 난 선수 유니폼을 벗었다. 현장으로부터 한 발 떨어져서 타격, 나아가 야구에 대한 내 생각을 이 책에 썼다. 야구 선배로서 후배들이 1년이라도 빨리 전성기에 이르기를, 또 1년이라도 더 늦게 은퇴하기를 바라는 마음에서다. 그건 야구팬들에게도 더없는 선물일 것이다.

20대에는 힘과 열정이 남아돈다. 대신 기술과 지혜는 모자라다. 이론이 만들어지면, 체력이 떨어지는 법이다. 마흔 살이 넘었고, 먹방을 찍

훈련은 훈련처럼, 실전은 실전처럼

는 요즘도 난 가끔 상상한다. 지금의 이론과 기억을 가진 채 20대의 젊음을 되찾는다면, 야구를 얼마나 잘할까?

젊을 때 정말 열심히 해야 한다. 1년이라도 빨리 자기 루틴과 메커니즘을 만들어야 한다. 그리고 우직하게 밀고 나갈 줄도 알아야 한다. 그래야 전성기가 빨리 찾아온다.

훈련은 훈련처럼, 실전은 실전처럼

2 나는 드림팀을 꿈꾼다

내 타격을 마쳤다고 해도 경기가 끝나는 건 아니다. 동료들의 플레이는 계속된다. 나도 다음 타석과 수비를 준비해야 한다. 초등학교 3학년 때부터 매일 그렇게 야구와 만났고, 다른 선수와 경쟁했다.

타격은 3할의 성공을 위한 투쟁이다. 7할의 실패로부터 배워야 다음 승부에서 이길 수 있다. 야구도 마찬가지다. 아마 인생도 그럴 것이다.

난 프로 20년 커리어의 절반을 약팀에서 보냈다. 2000년내 초반 한화 이글스는 강팀이었지만, 2010년 이후 암흑기에 빠졌다. 중심타자로서 무거운 책임감을 느끼는 시기였다. 물론 약한 팀에만 있었던 건 아니다. 일본 프로야구 롯데 마린스에서 뛰었던 2010년에는 일본시리즈 우승도 경험했다. 무엇보다 2006년과 2009년 월드베이스볼클래식(WBC)에서 한국대표팀은 세계적인 경쟁력을 가진 팀이었다. 여러 팀을 경험하면서 나는 늘 고민했다.

강팀은 왜 강해졌을까?

내가 생각하는 강팀은 파워가 세고, 스피드가 빠른 팀이 아니다. 상대하기 까다로운 팀이다. 쉽게 무너지지 않는 팀이다.

그래서 난 수비를 매우 중요하게 생각한다. 스프링캠프는 새 시즌을 시작하는 아주 중요한 시기다. 선수들 의욕이 넘친다. "타격 훈련 더 하겠습니다" "불펜 피칭 더 하겠습니다"라고 자청하는 소리가 여기저기서 들린다. 공을 때리거나 던지는 건 재미있다. 잘 치는 타자, 잘 던지는 투수가 1군에서 뛰는 건 자명하다. 그건 곧 돈과 성공을 의미한다.

혹시 이런 선수가 있는가? "코치님, 전 수비 훈련을 더 하겠습니다!" 누군가 이렇게 말한다면 그 팀의 미래는 밝다. 마린스에서 이런 선수들을 여럿 봤다. 그러나 한국에서는 보지 못했던 것 같다.

선수가 수비에 욕심을 낸다는 것은 팀플레이를 더 생각한다는 의미다. 이런 선수가 많은 팀은 자멸하지 않는다. 또 상대의 빈틈을 잘 파고든다. 야구는 투수와 타자만의 승부가 아니다. 투수와 포수, 야수는 유기적으로 협업해야 한다. 타자는 주자와 다음 타자까지 고려해 타격 전략을 세워야 한다. 코치와 지도자가 만들어야 하는 원팀(one team)은 이런 조직이다.

2006년 WBC에서 메이저리그 관계자들이 한국대표팀을 보며 "도대체 저들은 누구인가?"라며 놀랐던 기억이 아직 생생하다. 우리는 정말 탄탄한 팀이었다. 9개 포지션 모두 철벽같았다. 중심 타자들도 잘했지만, 테이블 세터가 상대 투수를 끊임없이 괴롭힐 줄 알았다. 압도적인 에이스는 없었지만, 조직적인 계투가 뛰어났다. 또 김인식 감독님을 비롯한 코

칭스태프 모두 선수들의 역할을 명확하게 부여한 것도 팀의 짜임새를 강화하는 요인이었다. 당시 대표팀은 누구나 꿈꾸는 드림팀이었다.

국가대표급 선수들을 모아야만 드림팀을 만들 수 있는 건 아니다. 2007년과 2008년 한국시리즈에서 맞붙었던 SK 와이번스와 두산 베어스는 클럽팀인데도 빈틈이 없었다.

당시 두 팀이 아직까지 강렬하게 기억되는 이유는 그들의 수비가 뛰어났을 뿐 아니라, 상대의 수비를 빠른 주력으로 흔들었기 때문이다. 도루만 한다고 되는 건 아니다. 투수의 공이 원바운드가 되면 기다렸다는 듯 다음 베이스로 내달렸다. 이로 인해 투수가 떨어지는 변화구를 던지는 데 부담을 느낀다면 타자는 훨씬 편해진다. 보이지 않는 곳에서 다져진 팀워크는 개인 기량의 합을 뛰어넘는 전력을 만들었다.

앞서 설명한 것처럼 까다로운 타자가 좋은 타자라고 생각한다. 투수도 마찬가지다. 빠른 공을 던지고, 변화구도 뛰어나고, 제구까지 안정적이라면 얼마나 좋겠는가? 그러나 그런 투수는 거의 없다. 대신 스피드가 대단하지 않더라도 타자의 배트를 잘 피해가는 투수가 있다. 디셉션을 잘하거나, 피칭 템포를 조절히는 투수는 상대하기 정말 까다롭다.

앞서도 얘기한 바 있지만, 선수 시절 난 후배 투수들에게 "네가 잘 던지는 변화구 말고 못 던지는 구종도 던져봐라"고 당부했다. 직구와 슬라이더를 주로 던지는 투 피치 유형의 선수가 가끔이라도 커브를 던진다면 효과적이다. 이런 경우, 커브가 꼭 예리하게 꺾이거나 정확하게 들어갈 필요는 없다. 언제든 다른 구종을 던질 수 있다는 것만 보여줘도 타자가 타이밍을 잡는 데 애를 먹는다. 피칭의 목적은 '공을 잘 던지는' 게 아니라

나는 드림팀을 꿈꾼다

'타자를 잘 잡는' 것이다.

구단의 역할은 선수층을 두껍게 만들어야 한다. 긴 레이스에서 탈락하지 않는 방법은 뎁스(depth, 선수층)를 강화하는 것뿐이다. 구단이 확보해준 자원을 잘 활용하려면 감독과 코치는 멀리 내다보는 육성 철학을 가져야 한다. 이를 위해서 팀의 방향성을 선수들과 항상 공유하는 게 가장 중요하다.

선수들은 감독과 코치가 세운 플랜을 늘 궁금해 한다. 나에게 어떤 보직을 맡기고 싶은지, 어떤 역할을 기대하는지 알고 싶어 한다. 개인별 장단점을 잘 알고, 비전을 제시해주는 지도자를 선수는 신뢰한다. 장점을 강화할 방법을 알려준다면 더 좋을 것이다.

나는 2001년 성공적으로 프로에 데뷔한 뒤 이듬해 '2년생 징크스'에 시달렸다. 여러 이유가 있었겠지만, 2001년 마무리 캠프와 2002년 스프링캠프에서 더 열심히 훈련하지 않은 탓도 있었을 것이다. 지금의 내가 과거의 나를 만난다면 꼭 해줄 말이 있다.

"넌 아직 주전이 아니다. 좋을 때 더 노력해라. 젊을 때 더 고생해야 한다."

열아홉 살 김태균이 이 말을 들었다면 가혹하게 느낄 것이다. 그래도 이건 진심이다. 프로 초창기에 체력을 키우고, 기술을 향상시키지 않는다면 한 달만 쉬어도 감각을 잃기 십상이다. 체력 관리는 타자가 잘할 때 필요한 게 아니다. 타격감이 좋으면 더 뛰어야 한다. 자신의 한계까지 도전하다가, 슬럼프에 빠졌을 때 휴식하는 게 낫다.

마찬가지로 2군 선수는 1군 선수보다 몇 배는 더 열심히 훈련해야 한다. 1군 선수들이 현재 실력이 낮다는 걸 인정해야 한다. 1군에 올라가면 많은 관중 앞에서 뛰어야 한다. 환경이 달라지고, 부담감이 커진다. 거기서 승리하려면 더 단련하고, 더 강해져야 한다.

20년 전에 비하면 KBO리그 2군 시설과 시스템은 매우 향상됐다. 2군 선수들에 대한 처우도 나아졌다. 아이러니하게도 이런 이유로 2군에서 안주하는 선수들이 늘어난 것도 사실이다. 그래서 2군에는 적당한 긴장감과 압박감이 꼭 필요하다. 선수들이 빨리 1군에 올라가고 싶은 동기부여가 돼야 한다. 1군과 2군을 차별하라는 말이 아니다. 2군 선수들이 더 노력하는 시스템을 스태프가 만들어야 한다. 식사와 숙소에 신경 써주면서 더 많이 뛰도록 해야 할 것이다.

어쩌다 보니 말이 길어졌다. 내가 이글스 주장을 맡았을 때 '어떤 말을 얼마나 해야 하는지'에 대해 늘 고민했다. 내가 후배들을 붙들고 이야기를 늘어놓으면, 오히려 그들에게 부담을 주는 것 같아서 염려됐다. 반대로 하고 싶은 말을 하지 않으면, 내 책임을 다하지 않은 생각이 들었다.

리더와 구성원이 평소에 얼마나 소통하느냐가 그래서 중요하다. 감독이나 코치, 주장이 일방적으로 메시지를 전달하는 게 아니라 서로 마음과 언로가 열려 있어야 한다고 나는 생각한다.

감독과 코치가 수평적인 문화를 아무리 강조해도 선수들은 어려서부터 몸에 익은 위계질서를 파괴하기 어렵다. 먼저 다가서고 더 이해해야 하는 쪽은 지도자여야 한다. 리더가 구성원의 개성과 비전을 존중하지 않는다면 선수는 보여주기 위한 훈련만 한다. 훈련을 위한 훈련은 실전에서 쓸모없을 가능성이 크다.

꿈은 쉽게 이뤄지지 않는다. 드림팀도 그냥 만들어지지 않는다. 내가 경험한 강팀은 서로 이해하고 존중하는 문화를 만들어냈다. 후배가 선배를 존경했고, 선배는 어떻게든 후배를 도와주려 했으며, 선수들은 코칭스태프를 신뢰했다. 힘들수록 서로 기댔다. 훌륭한 감독과 코치는 마치 거인처럼 커 보였다. 선수들은 '거인의 어깨'에 올라타서 더 먼 곳을 보고, 더 큰 꿈을 꾸었다. 이런 팀이 쉽게 질 리 없다.

에필로그

○ ○ ○ ○

Epilogue

집으로
Go home

야구는 멘털 스포츠라고 한다. 선수에게 재능과 노력만큼 중요한 요소가 마인드셋이다. 나는 매일 야구장에서 치열하게 싸운 뒤 마음의 짐을 내려놓고 집으로 돌아오려고 애썼다. 성공과 실패의 이유를 명확하게 기억하되, 나쁜 감정은 비워내야 한다. 그래야 재충전할 수 있고, 다음에 더 잘할 수 있다.

때로는 귀갓길이 힘들기도 했다. 야구장 밖에 주차해둔 내 차를 보고 놀란 적이 많았다. 팬들이 내 차를 알아보고 차에 낙서를 하거나, 오물을 끼얹었다. 내가 못해서 팀이 패해서 기분이 언짢고 화났다는 건 알았지만, 그래도 참 속상했다. 젊은 나이에는 마음의 상처를 많이 입었다. 야구장뿐 아니라 식당에 가도 주위 시선을 의식하느라 괜히 위축됐다.

나이를 조금씩 먹고 나서는 조금 의연해질 수 있었다. 내가 더 잘하면 된다고 생각했다. 오늘 졌어도 내일 이기면 팬들이 응원해줄 거라 믿었다. 팬들로부터 질책을 받으면 스스로를 더 다그치는 계기로 만들려고 했다. 팬들은 내가 은퇴할 때까지 멈추지 않게 해준 원동력이었다.

한화 이글스 팬들은 '보살팬'으로 유명하다. 내가 20대에는 이글스 성적이 좋은 편이었다. 그래서 홈팬들의 성원이 그렇게 감사한 건지 잘 몰랐다. 2010년대 이글스 성적은 내내 좋지 않았다. 그래도 팬들은 열정적으로 응원해주셨다. 부진할수록 팬들의 함성은 더 커졌다. '육성 응원'을 들을 때마다 가슴이 뭉클했다. '보살팬'은 세계 최고의 팬이라고 생각했다. 나와 동료 선수들은 그분들에게 부끄럽지 않은 선수가 되려고 노력했다.

이글스 팬들에게 우승을 선물하지 못해서 내내 마음이 무거웠다. 비록 그분들에게 충분히 보답하지 못했지만, 나와 이글스 선수들은 응원을 들으며 작은 힘이라도 쥐어짰다. 이글스가 내 자부심이었던 것처럼, 나도 이글스 팬들의 자부심이 되려고 노력했다는 걸 알아주셨으면 좋겠다.

이건 KBO리그 모든 팬들에게 전하는 마음이기도 하다. 프로야구 선수들이 경기장 안팎에서 멋진 모습만 보인 건 아니었다. 그런데도 10개 구단 팬들은 언제나, 어디서나 뜨거운 사랑을 보내주셨다. 팬들 덕분에 프로야구가 존재한다는 걸 나는 한시도 잊은 적이 없다.

특히 국가대표팀에서 경기에 임했을 때 팬들이 보내준 응원을 떠올리면 지금도 가슴이 뭉클하다. 일본 도쿄돔, 미국 로스앤젤레스와 샌디에이고 경기장에서 본 태극 물결은 나의 '인생컷'이다. 이 기회를 빌려 다시한 번 감사의 말씀을 전한다.

나는 야구팬들 덕분에 뛸 수 있었다. 그리고 성장, 발전할 수 있었다.

팬들로부터 얻은 에너지를 아직도 소중하게 간직하고 있다. 덕분에 아직 서툴지만 열심히, 제2의 인생을 살아내고 있다.

끝으로, 고마움을 꼭 전하고 싶은 이들이 있다. 30년 동안 그라운드 안팎에서 나와 협력했고, 경쟁했던 야구 선후배들에게 깊은 존경과 감사를 표한다. 언제나 난 그들로부터 영감을 얻었고, 자극을 받았다. 내가 때린 안타, 내가 당한 삼진 모두가 그들과 함께 만든 기록이란 걸 잊지 않을 것이다.

여러분과 함께한 경험들과 생각들을 이 책에 담았다. 이제, 선수가 아니라 야구팬이 되어 여러분을 응원하고 있다. 대한민국 야구, 파이팅!

집으로

타격에 관한 나의 생각들

김태균 야구 이야기

초판 1쇄 펴낸 날 | 2024년 1월 26일

지은이 | 김태균
펴낸이 | 홍정우
펴낸곳 | 브레인스토어

책임편집 | 김디니엘
편집진행 | 홍주미, 박혜림
디자인 | 이예슬
마케팅 | 방경희
사진 | 연합뉴스, 일간스포츠, 게티이미지, 한화이글스

주소 | (04035) 서울특별시 마포구 양화로 7안길 31(서교동, 1층)
전화 | (02)3275-2915~7
팩스 | (02)3275-2918
이메일 | brainstore@chol.com
블로그 | https://blog.naver.com/brain_store
페이스북 | http://www.facebook.com/brainstorebooks
인스타그램 | http://www.instagram.com/brainstore_publishing

등록 | 2007년 11월 30일(제313-2007-000238호)